KB174328

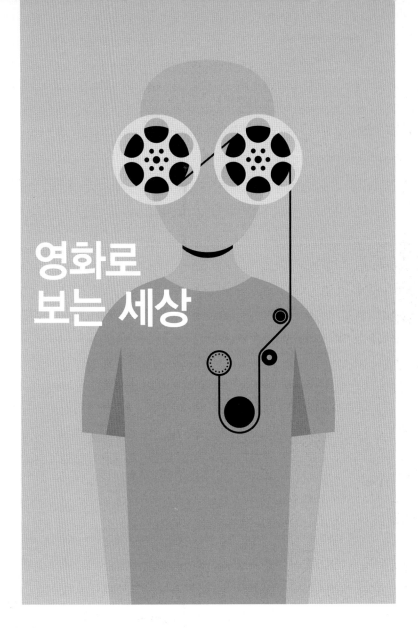

영화로
보는 세상

서 문

언어는 우리가 사회생활을 영위하는 기본 도구다. 다른 사람과의 소통을 위해 언어를 사용할 때 문화의 영향과 지배를 받을 수밖에 없다. 언어 속에는 같은 사회에서 서로 부닥치며 살아가야 하는 사람들의 경험과 가치, 편견, 전통이 담기고, 이런 일이 축적되면서 언어는 계속 변한다.

언어는 문화를 표현하고 담는 틀이기도 하지만 동시에 언어를 사용하는 사람들의 특성이나 사회적 신분 등을 나타내는 사회 문화적 소임을 수행한다. 언어와 문화의 상호 관계를 오랫동안 연구한 클래어 크램쉬(Claire Kramsch) 교수에 따르면, 언어는 문화의 현실을 표현하고 구체화하며 상징화한다.

다른 언어를 배우는 일은 그 언어를 사용하는 사람들이 언어로 세워놓은 생각과 문화의 세계에 진입하려는 노력이다. 많은 사람이 영어를 익히며 영미 문화권 사람들이 만들어 놓은 언어와 문화 안으로 들어가기 원한다. 영화를 통해 영어를 익히는 일은 언어와 문화에 동시에 접근할 수 있는 재미있고 효과적인 방법이다.

이 책에서 소개한 40편 영화는 영어를 모국어로 사용하는 사람들의 보편적인 세계관과 역사관을 편견 없이 반영하고, 문화와 사회 현장을 현실감 있게 담고 있다. 이 책이 영어와 문화의 세계로 들어가는 지름길이 되기를 바란다.

저자 김대진

Contents

Chapter 01 · 시간이 흘러가는지, 아니면 내가 흘러가는지

영화로 보는 세상
영어교수 추천영화 40편

Contents

FILM

Chapter 03 꼭 싸워야 하나

Chapter 04 그래도 사랑은 남는다

영화로 보는 세상

영어교수 추천영화 40편

영화로 보는 세상
영어교수 추천영화 40편

Chapter 01

시간이 흘러가는지,
아니면 내가 흘러가는지

포레스트 검프
Forrest Gump, 1994
선한 사람이 잘되는 세상

감독 로버트 지메키스(Robert Zemeckis)
각본 에릭 로스(Eric Roth)
출연 톰 행크스(Tom Hanks)
　　　 로빈 라이트(Robin Wright)

시간이 흘러도 사람은 남는다

1994년에 개봉된 이 영화는 1995년 아카데미 시상식에서 최우수 영화상, 주연 남자배우상 등 6개 분야 상을 받은 수작이다. '착한' 포레스트 검프(Forrest Gump)가 1960년대와 1970년대 미국의 큰 사건에 '우연히' 개입하여 역사의 흐름을 바꾼다는 상상력을 마음껏 발휘한 영화다.

1960년대 미국은 1940년대 제2차 세계대전과 1950년대 한국전쟁을 치른 후에 경제적으로는 번영기에 진입했다. 하지만 정치와 이념, 과학 기술의 라이벌 관계인 소련과 세계 질서의 우두머리 자리를 놓고 치열하게 경쟁했다.

미국은 1961년 45세의 젊은 대통령 케네디를 선출했고 흑백 갈등과

빈부 차이 등 사회 불안 요인을 싸안고 미래로 나가던 시대였다. 1963년 케네디 대통령의 암살과 이후 베트남 전쟁의 장기화로 미국 내 반대 시위가 격화 되어 어려움을 겪기도 했다.

1969년 미국은 인류 최초로 소련보다 먼저 사람들을 달에 보냈고 70년대 초에는 죽(竹)의 장막에 싸여 있던 중국과 교류를 시작해 닉슨 대통령이 탁구팀과 함께 북경을 방문한다. 포레스트도 탁구선수로 중국을 방문한다. 1974년 닉슨 대통령이 워터게이트 사건(Watergate scandal)으로 임기 중 사임하는 등 정치는 격변을 겪었다. 영화 포레스트 검프는 이 시대를 배경으로 하고 있다.

인생은 포장을 뜯지 않은 초코렛 상자

포레스트는 앨라배마 그린즈버러(Alabama Greensboro) 출생이다. IQ 75의 낮은 지능을 타고났지만, 신앙심이 깊은 어머니(Sally Field)의 헌신적인 돌봄으로 착하고 성실하며 원칙을 지키는 청년으로 자란다. 절대로 거짓말하지 않고 자신의 이익을 위해서 다른 사람을 속이지도 않는다.

포레스트의 어머니는 어려운 진리를 이해하기 쉬운 말로 포레스트에게 들려주어 평생 기억하며 살게 한다. 이 영화에서 나온 명대사 중 사람들이 가장 잘 기억하는 말이다.

Forrest: My momma always said, "Life was like a box of chocolates. You never know what you're gonna get."

▶ ▶ ❚❚

포레스트: 어머니는 항상 말씀하셨어. "산다는 일은 초콜릿 상자와 같
은 거야. 열어보고 먹기 전에는 맛을 알 수 없거든."

사람들이 지레 나의 삶은 어떻게 전개될 것이고 나는 다른 사람보다
가진 것이 없으니, 내 인생은 다른 사람보다 못할 것이라고 생각하는 경
향이 있다. 그러나 어머니는 인생은 부딪쳐서 살아보아야 알 수 있다는
진리를 말해주었고, 포레스트는 이 말을 평생 간직하며 산다. 또 어머니
는 포레스트에게 항상 최선을 다하며 사는 일이 얼마나 중요한지도 강
조했다.

과거에 얽매여 앞으로 나가지 못하는 사람들이 한둘이 아니다. 어느
목사님이 말씀하셨다. 과거는 톱밥이라고. 톱밥으로는 아무것도 만들지
못한다. 불쏘시개 정도로나 쓸 수 있다고. 하지만 많은 사람은 톱밥 같은
과거에 매여 있다.

포레스트는 주요한 사건에 휘말리며 엘비스 프레슬리, 케네디 대통령,
비틀즈의 존 레논을 만나서 자신도 모르게 그들에게 큰 영향을 끼친다.
미국이 베트남전을 시작하자 육군에 자원하여 베트남에 가서 전투에 참
여하고 부상당한 동료들을 구조하여 큰 훈장을 받는 전쟁 영웅이 된다.

포레스트가 앨라배마 대학교(The University of Alabama) 미식 풋볼 선
수로 활약하다 전미 대학교 우수 선수로 선발되어 케네디 대통령
을 만나는 장면이 영화에 나온다. 이를 미루어보면 60년대 초 포레
스트의 나이는 20대 초반이고 1930년 말에서 40년 초반에 출생했

음을 추정할 수 있다. 앨라배마는 1970년대까지 흑인에 대한 차별이 심했다. 1963년 마틴 루터 킹 목사(Martin Luther King Jr.)가 미국 수도 워싱턴 디씨(Washington D. C.) 대규모 관중 앞에서 "나에게는 꿈이 있습니다(I have a dream)."라는 연설을 하는 등 흑인 민권 운동을 전개했다. 하지만 앨라배마대학은 1963년이 되어서야 흑인 학생이 입학할 수 있었다.

대학 졸업 후 군인이 되어 베트남전에 참전한 포레스트의 가장 친한 친구는 루이지애나(Louisiana) 출신 흑인 버바(Bubba)다. 버바는 전투 중에 큰 부상을 당해 전사하지만 포레스트는 전쟁 후 함께 새우잡이를 하자던 버바와의 약속을 지킨다. 영화에서도 "Bubba is my best friend"라는 말을 몇 번이나 강조한다. 우정에 피부색은 아무 상관이 없음을 포레스트는 보여준다.

You're my girl

포레스트의 인생에 큰 영향을 끼친 또 다른 사람은 제니(Jenny)다. 다른 사람보다 지능이 낮아 늘 놀림을 받고, 또래 친구가 없던 포레스트에게 유일하게 친구가 되어준 사람이 제니다. 두 사람의 여정은 각자 다른 대학에 진학하면서 달라진다.

어릴 때 아버지에게 학대받아 트라우마를 안고 사는 제니는 자신의 현재 처지보다 더 높은 위치로 빨리 가려고 안달이다. 그 와중에 학교를 다니며 잡지에서 누드모델로 일하는 바람에 대학교에서 퇴학당하고 (1960년대 미국 남부는 보수적이었다), 여러 직업을 전전하면서 힘든 인생을 살기 시작한다. 포레스트와도 오랫동안 만나지 못하다가 포레스트가 베트남 전에서 영웅이 되어 돌아와 우연히 반전 시위 현장에서 만난다.

포레스트는 어머니의 교훈대로 어떻게 될 것인가는 절대자에게 맡기고 주어진 하루하루를 원칙대로 정직하게 살 뿐이다. 제니는 운명을 스스로 바꾸려고 안달이다. 쉽고 빠르게 자신의 꿈을 이루고 싶어 한다. 하지만 무엇이 되고 싶은지는 자신도 잘 모른다. 세상은 제니가 원하는 만큼 그렇게 녹록하지 않다. 세상이 제니를 그냥 두지 않는다. 둘은 각자의 길로 헤어지며 마지막 인사를 나눈다.

다시 헤어지면서 제니가 묻는다.

Jenny Curran: Why are you so good to me?
Forrest Gump: You're my girl!
Jenny Curran: (pause) I'll always be your girl.

▶ ▶ �II

제니: 왜 나한테 이렇게 잘해주는 거야?
포레스트: (이런 당연한 질문을 하냐는 표정을 하면서) 나는 너밖에 없잖아!
제니: (잠시 머뭇거리다) 언제나 항상 그럴 거야.

둘은 다시 헤어지고 포레스트는 항상 그렇게 한 것처럼 열심히 정직하게 원칙대로 산다. 손대는 일마다 다 잘되어 새우잡이에서 큰 부자가 되지만 대부분 돈을 병원과 교회 등에 기부한다.
우여곡절 끝에 포레스트는 제니와 다시 만나서 결혼하고 아들도 낳는다. 하지만 제니는 오랜 시간 힘들고 험한 객지생활을 하면서 병을 얻어 (에이즈로 추정) 포레스트의 극진한 간호에도 불구하고 세상을 떠난다.

포레스트는 제니의 무덤 앞에서 제니와 이야기한다.

Momma always said dyin' was a part of life. I sure wish it wasn't.

엄마는 세상을 떠나는 일도 삶의 일부라고 하셨어. 물론 나는 그러지 않기를 바랐지만.

포레스트는 아들을 열심히 키우며 성실하고 착하게 살아갈 것이다. 절대자의 명령을 따라 주어진 길을 정직하게 원칙대로 성실히 살아가면서 하늘 복을 받는 포레스트가 더욱 많아지는 세상이 되기를 바란다.

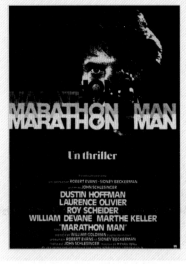

마라톤 맨
Marathon Man, 1976
역사의 상처, 역사의 치유

감독　존 슬레진저(John Schlesinger)
각본　윌리엄 골드만(William Goldman)
출연　더스틴 호프만(Dustin Hoffman)
　　　로렌스 올리비에(Laurence Olivier)
　　　로이 샤이더(Roy Scheider)

왜 역사를 공부하는가

학자마다 주장이 다를 수 있겠지만 대략 기원전 3000년(지금부터 약 5천 년 전)부터 인류는 현재 우리의 삶과 직접 연결될 수 있는 문명과 문화를 만들기 시작했고 자신의 삶의 흔적과 생각의 변화 등을 기록하기 시작했다. 역사 기록의 시작이다. 우리는 그 역사를 열심히 찾고 공부한다. 우리는 앞선 사람들의 삶과 생각에 왜 그렇게 관심이 많을까. 왜 우리는 역사를 공부하는 것일까.

우리 시대 뛰어난 역사학자인 유발 하라리(Yuval Harrari)는 그의 저서 호모 데우스(Home Dues, 신이 되고 싶은 인간)에서 다음과 같은 주장을 펼친다.

Historians study the past not in order to repeat it, but in order to be liberated from it. We forget that our world was created by an accidental chain of events, and that history shaped not only our technology, politics and society, but also our thoughts, fears and dreams(p. 68).

▶ ▶ ❚❚

역사가들에 따르면 우리가 과거를 연구하는 이유는 과거를 다시 불러오기 위함이 아니고, 과거의 묶임에서 풀려나기를 원하기 때문이다. 우리는 세상이 계속 우연히 일어나는 일련의 사건으로 인해 형성된다는 사실을 망각한다. 또 역사는 기술과 정치, 사회를 만들어낼 뿐 아니라 우리의 생각과 두려움, 꿈도 만들어낸다.

문명과 기술의 발달로 인해 인류는 점점 더 다양한 방법으로 교류하며 갈등을 겪는다. 더욱 다양하고 극적인 사건이 점점 많이 생길 수밖에 없다.

1976년에 만들어진 마라톤 맨(Marathon Man)은 젊은 더스틴 호프만(Dustin Lee Hoffman)이 역사를 공부하는 박사과정 학생으로 나오며, 영국의 명배우 로렌스 올리비에(Laurence Olivier, 셰익스피어의 햄릿 역할로 유명하다)가 출연하는 정치 소재 영화다. 제2차 세계대전에서 자행된 독일의 유대인 학살 사건과 1950년대 초에 미국을 휩쓸었던 공산주의자 색출 운동인 매카시즘(McCarthyism) 광풍을 소재로 사건을 전개시킨다.

베이브(Babe, 더스틴 호프만)는 컬럼비아대학교의 역사학과 박사과정 학생이다. 까다롭기로 소문난 세미나 수업 첫 시간에 역사 교수가 학생들에게 일장 연설을 한다.

Professor Biesenthal: Well, you four have the dubious honor of having been picked from over two hundred applicants for this seminar. Well, let me just say this. There's a shortage of natural resources. There's a shortage of breathable air, there's even a shortage of adequate claret. But there is no shortage of historians. We grind you out like link sausages. That's called progress. Manufacturing doctorates is called progress.

▶ ▶ ⏸

비센달 교수: 너희 네 명은 이백 명의 지원자 중에서 내 세미나에 선택되어 이해하기 힘든 영예를 누리게 되었다. 너희에게 말하고 싶은 이야기는 천연자원은 부족하고 깨끗한 공기도 부족하고 제대로 숙성된 포도주도 구하기 힘들지만, 역사학자는 부족하지 않다는 것이다. 우리는 너희를 교육하여 줄줄이 졸업시키지. 그걸 발전이라고 부르기도 하더군. 박사를 찍어내는 것을 발전이라고 하다니.

학생을 닦달하는 일은 동서양이 모두 똑같다. 다만 학생을 훈련해 다음 세대를 대비하게 하는 임무는 교육자가 해야 할 일은 맞다. 이 교수는 역사를 공부하려면 제대로 하라고 채근하고 있는 것으로 보인다.

조직과 이념이 만드는 괴물

베이브의 아버지도 역사학자였는데 1950년대 초반 매카시즘(Mc-Carthyism) 광풍에 휘말려 경찰 조사를 받고 고생하다가 자살하고 만다. 미국 상원위원이었던 조지 매카시(Joseph McCarthy)는 1950년 2월부터 미국 내 정치, 문화, 학계에 공산주의자들이 침투해 있다고 주장하고 대대적인 색출 운동을 벌인다. 중국 공산화와 소련의 부상 등 공산주의 확산에 위협을 느끼던 미국인들은 공산당 색출이라는 광풍에 휩싸이고 미국은 큰 상처를 입는다. 위대한 물리학자 아인슈타인(Albert Einstein, 1879~ 1955)까지 공산당과 관련이 있다는 비난을 받을 정도였으니 그 피해 규모는 상상을 초월한다. 사람들이 집단 망상을 가지고 한 세력 또는 다른 사람을 비난하고 소외하기 시작하면 그 광풍에 얼마나 많은 사람이 피해를 입을 수 있는지 우리는 역사에서 수도 없이 보았다. 더구나 그 광풍이 사상과 관련된 일이라면 사람들은 더욱 극단적인 판단과 행동을 취하는 경우가 대부분이다. 사람의 인격과 도덕적 가치는 큰일을 겪을 때 잘 나타난다. 메카시즘은 평범한 사람들의 집단 광기가 터져나오는 계기가 되었다. 많은 사람이 공산당과 관련이 있다는 누명을 쓰고 희생을 당했다.

이 영화의 또 다른 소재는 세계 제2차 세계대전 중 독일군에 의한 유대인 학살(The Holocaust)이다. 히틀러(Adolf Hitler, 1889~ 1945)와 나치당(Nazi Party, 국가사회주의 독일 노동자당)은 위대한 독일을 재건한다는 구실 아래 군사 독재를 자행하며 국민을 몰아세웠다. 국민을 가장 쉽게 단결시키는 방법이 다른 집단을 미워하게 하는 일이다. 히틀러는 공산주의자와 유대인, 장애인, 집시 등을 미워하게 만들어 세상에서 없애야 할 존재로 몰아 600만 명(당시 유럽 전체 유대인의 80%)에 달하는 유대인을 학살한다.

이중 사람들의 기억 속에 가장 악명 높은 유대인 학살 수용소로 남아있는 곳이 아우슈비츠(Auchswitz)다. 아우슈비츠에서 학살을 주도했던 인물인 셀(Szell, 치과의사이기도 하다)이 독일 패망 후 도망가서 남미에 숨어 있다가 미국으로 몰래 와서 은닉한 자신의 재산을 찾으려 한다. 이 와중에

베이브와 부딪치게 된다. 물론 셀은 역사상 실제 인물은 아니다.

이 셀이라는 인물은 철학자 아렌트(Hannah Arendt, 1906~1975)가 쓴 〈예루살렘의 아이히만(Eichmann in Jerusalem)〉에 나오는 아돌프 아이히만을 연상시킨다. 아이히만은 나치 친위대 고위인사로 유대인 학살을 주도한 인물이다. 그는 이스라엘의 추적을 받다가 1961년 남미 아르헨티나에서 체포되어 예루살렘으로 압송되어 재판받고 사형당했다. 아렌트는 그의 저서에서 '악의 평범성(Banality of evil)'이라는 용어를 사용해 아이히만이 이런 끔찍한 역사적 범죄를 저지른 이유를 설명했다. 아이히만은 다만 국가에 순응하며 자신의 행동을 정당화했던 평범한 사람이었다. 반사회적인 인물도 아니고 성격 이상자도 아니었지만 비정상적인 나치 집단이 그를 괴물로 만들었다. 메카시즘의 광풍 속에서 평범했던 사람들이 공산주의자를 찾아내면서 악마적인 폭력을 휘둘렀던 것처럼, 나치를 등에 업은 평범한 사람들이 유태인 사냥과 학살에 앞장선 것이다.

지금도 인터넷상에서 사람이라면 할 수 없는 끔찍한 말을 아무렇지도 않게 던지며 다른 사람들을 비난하여 인격을 살해하는 사람들이 있다. 그들도 자신들의 행동이 맞다고 믿는 소영웅이거나 그들을 이용하는 커다란 권력에 이용당하는 보통사람들이다. 사람들은 커다란 세력과 힘에서 쉽게 벗어나지 못한다. 역사에서 이런 경우를 수도 없이 발견한다.

역사의 극복

어떻게 역사를 극복할 수 있을까? 베이브가 자기 아버지의 억울함을 잊지 않고 메카시즘의 해악에 대해 논문을 쓴다. 많은 학자는 이 주제를 피한다. 잘못된 과거를 다루는 일은 어느 때나 어느 나라나 쉽지 않다. 베이브는 자신이 쓴 논문에 대해 미국 정부 기관에서 일하는 형 닥(Doc)과 논쟁을 벌인다.

Doc: Nothing you write is gonna change what happened?
Babe: Why can't you give me the courtesy to read it?
Doc: (shouting) It's over! Forget it!
Babe: (quietly) Maybe for you.

⏵ ⏵ ⏸

닥: 이렇게 써도 예전에 일어난 일은 바뀌지 않아.
베이브: 그러지 말고 한번 읽어라도 봐.
닥: 그만두라니까! 다 끝난 일이야!
베이브: 형한테는 그럴지 몰라도 나는 아니야.

우리의 현재를 얽매고 있는 과거의 굴레에서 어떻게 벗어날 수 있을까. 더욱 열심히 역사에 관심을 기울이고 공부해야 하지 않을까. 우리도 우리나라 근현대사에 일어났던 광풍이라고 할 수밖에 없는 사건들에 대해 열린 마음으로 더욱 열심히 공부해야 하는 것은 아닐까 생각한다.

하라리의 말로 이 글을 맺는다.

Studying history aims to loosen the grip of the past(p. 69, Homo Deus).

⏵ ⏵ ⏸

역사 공부의 목적은 과거의 굴레에서 벗어나는 일이다.

노 웨이 아웃
No Way Out, 1987
어디로 갈까

감독 로저 도널드슨(Roger Donaldson)
각본 케네스 피어링(Kenneth Fearing,
원전 소설: The Big Clock)
로버트 갈랜드(Robert Garland, 영화
각본)
출연 케빈 코스트너(Kevin Costner)
진 핵크먼(Gene Hackman)
션 영(Sean Young)

두 나라가 움직이는 세계

미국과 소련의 정치 군사 경쟁이 치열하던 1970~80년대를 배경으로 하는 수작 스릴러 영화다. 케빈 코스트너(Kevin Costner)는 이 영화에서 주연급 배우로 크게 성장했다. 진 핵크먼(Gene Hackman)은 영화 〈프렌치 커넥션(French Connection, 1971)〉으로 아카데미 남우주연상을 받은 명배우다. 이 영화에서도 부패한 정치인 연기를 훌륭히 해냈다.

제2차 세계대전 이후 전통적인 제국들(영국, 독일, 프랑스 등)은 식민지를 내놓고 역사를 지배하던 자리에서 물러난다. 대신 미국과 소련이 세계를 양분하여 지배할 새로운 제국으로 등장한다. 제2차 세계대전 이후 세계 질서를 논의하던 1945년 2월에 열린 얄타회담(Yalta Conference)에 미국과 소련, 영국이 참여한다. 하지만 실제로 전후 세계의 질서는 미국의 루스벨트(Franklin D. Roosevelt, 1882~1945), 소련의 스탈린(Joseph Stalin, 1878~1953)이 결정한다. 영국의 처칠(Winston Churchill, 1874~1965)은 참여는 했지만, 한때 세계를 지배했던 대영제국의 영향력이 쇠퇴해 가는 것을 지켜볼 따름이었다.

이후 소련은 세계에서 자신들의 영향력을 펼치고 공산주의를 퍼트리기 위해 노력했고 미국은 그 영향력을 저지하기 위해 모든 수단을 동원했다. 독재국가라 해도 공산주의에 반대하고 미국의 노선을 따르면 적극 지지했다. 그 결과 70~80년대 수많은 반공 독재국가가 생겨났다. 60~70년대 18년간 대통령직을 수행한 한국의 박정희도 마찬가지 경우였다. 미국과 소련은 한국전쟁, 베트남(Vietnam)전쟁, 아프가니스탄 등에 치열한 대리전을 펼쳤다. 옛 제국은 가고 새로운 두 제국이 세계를 지배하기 위한 치열한 경쟁을 펼쳤고 약한 나라들은 두 나라의 분쟁에 휘말려 호된 대가를 치르면서 두 나라 중 한 나라를 선택하도록 강요받기도 했다.

미국과 소련의 경쟁이 가장 치열하던 시기인 1961년 취임한 미국 케네디 대통령은 그의 취임사에서 소련과 그 동맹국들에 다음과 같은 메시지를 전한다.

Finally, to those nations who would make themselves our adversary, we offer not a pledge but a request: that both sides begin anew the quest for peace, before the dark powers of destruction unleashed by science engulf all humanity in planned or accidental self-destruction.

마지막으로, 우리의 적이 되기로 한 국가들에게 약속이 아닌 부탁을 전합니다. 우리 양 진영이 평화를 향한 새로운 노력을 시작합시다. 그렇지 않으면 우발적이거나 치밀한 계산에 의해, 과학이 개발한 무시무시한 파괴력이 온 인류를 파괴할 수도 있습니다.

미국은 세계에서 유일하게 다른 나라(일본)에 원자폭탄을 사용한 국가다. 소련도 엄청난 양의 원자폭탄을 보유하고 있다. 미국은 조금이라도 실수하면 전 세계가 멸망할 수 있다는 메시지를 소련에 보내고 있다. 정확히 말하면 경고다. 냉전 기간 중 두 국가 간에 군비 경쟁과 더불어 정보를 캐내기 위한 첩보전도 치열하게 전개되었다.

정치, 돈, 첩자

이 영화는 어릴 적부터 미국에서 자라고 교육을 받아 아무도 의심하지 않는 현역 미군 장교가 미국 국방성 심장부에서 소련의 첩자로 암약하고 있다는 소문을 바탕으로 전개된다. 사실 냉전시대 동안 미국과 소련 내부의 영향력 있는 위치에서 소련과 미국의 이익을 위해 활약하고 있는 스파이가 있다는 소문은 사실일 가능성이 크다. 물론 공식적으로 확인된 바는 없다.

영화는 정치와 돈, 스캔들, 스파이 등 여러 요소가 충돌을 일으키며 전개된다. 스파이 영화는 수없이 제작되었지만, 이 정도로 진정성 있으며 흥미 있는 영화는 드물다. 소련 스파이는 국방장관 최측근까지 접근해 고급 정보를 캐낸다. 스파이의 존재에 대한 첩보도 있고 소문도 무성

하지만, 장관은 이를 믿지 않는다. 장관 보좌관 스캇(Scott)은 소련 첩자에 대한 소문을 오히려 정치적으로 이용해 국회에서 더 많은 국방 예산을 챙기고 군수업체에도 혜택을 주어 자신도 나중에 업체의 도움을 받으려 한다. 소련이 이런 식으로 미국에 침투해 있는데 미국은 더욱 군사력을 증강해야 한다는 논리를 편다.

무기나 군수 물품을 생산하는 군수 업체들은 더 많은 주문량과 예산을 확보하기 위해 의회나 정치인들을 대상으로 치열한 로비를 전개한다. 로비를 주도하는 로비스트의 대부분은 퇴역 장성들이나 정계의 내부 사정에 정통한 정치인 출신들이다. 군수업체의 탐욕에서 시작된 돈이 미국 정계를 한 바퀴 돌고 다시 군수 업체로 돌아온다. 그 와중에 전쟁은 계속되고 더 많은 사람이 희생된다.

Defense Secretary David Brice: It's a House of Cards. There is no Yuri.
Scott Pritchard: It doesn't matter. All the intelligence agencies believe that there's a mole in the Defense Department. You know the theory: that Yuri was sent here by the KGB while he was still in his teens. For all intents and purposes, he can pass as an American.

▶ ▶ ⏸

국방장관 브라이스: 그건 허무맹랑한 이야기야. 유리(Yuri, 소련 첩자를 통칭하는 러시아 남자 이름)는 없어.
보좌관 스캇: 상관없습니다. 정보 계통에서는 국방부 내에 첩자가 있다고 믿고 있습니다. 이미 알고 계시잖아요. 10대 때 소련이 미국에 보내 미국에서 자라서 미국인임을 아무도 의심하지 않는다는 사실을요.

두 번째 기회(second chance)가 없다면

　유리(Yuri, 미국 이름은 탐)는 인간적인 약점(장관이 몰래 사귀던 여자와 사랑에 빠짐) 때문에 정체가 드러난다. 아무리 치밀하게 계획하고 행동한다고 해도 다른 사람을 속이는 일이 쉬운 일이 아니다. 미래에 대한 예측과 불확실성의 극복은 사람의 기본 본능이지만 어떻게 모든 일을 예상하고 대비할 수 있겠는가. 이 영화는 인간의 욕심과 약점을 생생하게 보여준다. 정체가 발각된 첩자 유리는 미국에서 그를 통제하는 소련인에게 불려온다.

Schiller: Evgeny Alexeivich, wouldn't you love to hear Russian again? Imagine Pushkin, Lermontov, Tolstoy…

Tom Farrell: …Solzhenitsyn, Aksyonov.

Schiller: Be that as it may, you must return!

Tom Farrell: (annoyed) I came here! I thought I owed you that - but you can't make me go back.

(Tom leaves until the two men cock their guns)

Schiller: No! Let him go.

(Tom resumes in leaving)

Schiller: He'll come back. Where else does he have to go?

실러: (영어로)이바제니 알렉스비치, 러시아 말을 다시 듣고 싶지 않아? 푸시킨, 레몬토프, 톨스토이 등 위대한 작가들을 생각해 봐.

탐: 제가 생각나는 이름은 소련이 탄압했던 반체제 운동가 솔제니친이나 아크쉬노프 등이네요.

실러: 어쨌건 이제 돌아가야 해.

탐: 저를 미국에 보내주신 점은 정말로 감사합니다만, 저를 강제로 다

시 보내실 수는 없습니다.

(탐은 뛰쳐나가고, 옆에서 지켜보던 두 사람은 총 쏠 준비를 한다)

실러: 아니 그냥 가라고 해.

(탐은 뛰어나간다)

실러: 다시 돌아올 거야. 가봤자 어디로 가겠어?

사람이 조직의 통제를 받기 시작하면 그 통제를 벗어나는 일은 너무나 힘들다. 사람이 조직을 만들지만 결국 조직이 사람을 조종하고 통제한다. 특히 소련 같은 독재 국가에서는 더욱 그렇다. 유리는 자신의 의지가 아닌 소련의 공작으로 어린 시절 미국에 와서 완벽한 미국인이 되어 해군 장교가 되었고 장관의 신임을 받는 자리까지 올라갔지만, 아름다운 여자를 사랑한 인간적인 약점 때문에 어쩔 수 없이 다시 폐쇄된 조직으로 들어가야 한다. 그렇게 되면 더 이상의 기회는 없는 막다른 길이 될 것이다(No way out). 사람들은 효율적인 자원 분배와 경영을 위해 조직을 만들었지만 조직의 무서운 촉수에 한번 걸리면 빠져나오지 못하고 만다. 소련처럼 폐쇄된 조직에서는 두 번째 기회(second chance)는 없는 것이다. 영화는 이 사실을 너무 확실하게 그리고 있다.

1990년대 초 소련이 붕괴하면서 러시아 등 여러 국가로 갈렸지만, 러시아는 자유와 경제적 독립을 구가하는 국가로는 아직 돌아오지 못하고 있다. 몇 십 년간의 공산 독재의 독소가 너무 강하다.

닥터 스트레인지러브
Dr. Strangelove 1964
누가 세상을 구할까

감독 스탠리 큐브릭(Stanley Kubrick)
각본 스탠리 큐브릭(Stanley Kubrick)
　　　 테리 서던(Terry Southern)
　　　 피터 조지(Peter George)
주연 피터 조지(Peter Sellers)
　　　 조지 스카트(George C. Scott)
　　　 스터링 해이든(Sterling Hayden)

핵미사일이 바로 눈앞에

〈닥터 스트레인지러브(Dr. Strangelove)〉는 영화 역사상 가장 뛰어난 천재 영화감독으로 꼽히는 스탠리 큐브릭(Stanley Kubrick)의 1964년 작품이다. 큐브릭 감독은 〈2001년: 스페이스 오디세이(2001: A Space Odyssey, 1968)〉 등 시대를 초월한 명작들을 만들어냈다. 이처럼 다양한 소재를 깊이 있고 통찰력 있는 영화로 만들어낸 영화감독은 앞으로도 나오기 힘들 것이다. 뛰어난 물리학자가 많아도 아인슈타인은 한 사람밖에 없고, 뛰어난 음악가는 많아도 베토벤을 다른 사람이 대체할 수 없듯이.

이 영화의 주제는 핵전쟁이다. 1962년 10월 소련은 미국 최남부 플로리다주에서 800km밖에 떨어져 있지 않은 쿠바에 핵미사일 기지를 건설

한다. 당시 미국 케네디 대통령과 소련 흐루쇼프 서기장은 전쟁도 불사하자는 강경파를 설득해서 소련이 쿠바에서 미사일 기지를 철수하고 미국은 쿠바에 침공하지 않는다는 합의를 이루어내어 이 위기를 끝낸다.

이 사건 이후 사람들은 핵전쟁이 막연한 상상이 아니라 언제든지 현실이 될 수 있음을 깨닫는 계기가 되었다.

1962년 쿠바 미사일 위기 당시, 시사만화가 허버트 L. 블록이 11월 1일자 워싱턴포스트에 그린 만평이다. 존 F. 케네디 미국 대통령과 소련 공산당 서기장 니키타 흐루쇼프가 핵전쟁을 막기 위해 함께 애쓰고 있다.

인간의 이성을 믿을 수 있을까

인간은 이성(reason)을 가진 존재이니 이런 잠재적 위험을 끌어안고 살아도 문제가 없다는 주장을 하는 사람도 있다. 하지만 위대한 철학자 데이비드 흄(David Hume, 1711~1776)의 생각은 다르다. 흄은 "이성은 완벽하지 않다는 전제하에서 사용해야 한다"라고 주장한다. "절대적인 이성만으로 지식이 형성될 수 없으며, 여기에는 허점이 있을 수밖에 없다"라는 것이 흄의 주장이다. 더 나아가 "사람들은 '더 그럴듯해 보이는 합리적인' 지식을 얻을 수 있지만 '완전히 합리적인' 지식은 얻을 수 없다"라는 말은 우리에게 큰 울림을 준다.

이 영화에서 소련과 공산주의는 지구상에서 없애야 한다는 신념에 가득찬 한미 공군 장군이 정신 착란을 일으켜 소련에 수소폭탄 한 발을 투하한다. 미국은 이를 막으려고 혼신을 다하지만 폭탄은 모스크바에 떨어진다.

한편 소련에서는 이런 경우를 대비하여 마지막 날을 대비하는 기계(Doomsday Machine)를 이미 설치해 놓았다. 소련이 핵무기 공격을 받으면 이 장치는 자동으로 미국에 핵 공격을 가하고 어떤 수단으로도 이 장치를 막을 수 없다. 인간이 합리적이고 이성적인 판단을 한다는 생각이 얼마나 어리석은가에 대한 큐브릭 감독의 경고다.

미국과 소련은 냉전시대에 지구를 몇 번이고 폭발시켜 버릴 수 있는 엄청난 양의 핵폭탄을 보유하고 있다(두 나라의 핵폭탄 수는 대략 1만 개가 넘는다). 이토록 많은 수의 핵폭탄을 보유하는 논리는 억지 이론(deterrence theory)

이다. 내가 엄청난 양과 위력의 무기를 보유하고 있으면 상대방은 보복이 두려워 나를 공격하지 못하고 모두가 평화 속에 살 수 있다는 이론이다. 좋게 말하면 유비무환(有備無患)이지만 영화에서처럼 한 발이라도 실수로 상대 국가에 떨어지면 그 이후로는 모두가 멸망의 길을 걷게 된다.

핵전쟁 후 미래는 없다

영화에서, 이제 핵무기로 전 세계가 멸망할 위기에 처한다. 미국 대통령과 그의 고문 스트레인지러브 박사(Dr. Strangelove)는 꼭 필요한 사람들을 지하 요새에 향후 100년간 수용할 계획에 관해 이야기한다.

President Merkin Muffley: Well, I would hate to have to decide who stays up and who goes down.

Dr. Strangelove: Well, that would not be necessary, Mr. President. It could easily be accomplished with a computer. And a computer could be set and programmed to accept factors of youth, health, sexual fertility, intelligence and a cross-section of necessary skills. Of course, it would be vital that top government and military men be included to foster and impart the required principles of leadership and tradition. Heil! Actually, they would breed prodigiously, yeah? There would be much time and little to do. With a proper breeding techniques and a ratio of, say, ten females to each male, I would guess that they could interact their way back to the present gross national product within, say, 20 years.

▶ ▶ ⏸

대통령: 누가 지상에 남아 있고 누가 지하로 내려갈지 내가 결정해야겠군.

스트레인지 박사: 그럴 필요 없습니다, 대통령님. 컴퓨터를 쓰면 됩니다. 컴퓨터에 프로그램을 입력해서 젊음과 건강, 후손을 낳을 수 있는 능력과 지능, 기타 필요한 기술 등을 기준으로 사람을 뽑으면 됩니다. 물론 정부나 군 요직에 있는 사람들이 포함되어야 필수적인 원칙을 고양하고 지도력과 전통을 심어줄 수 있겠지요. 사람들은 빠른 속도로 번식할 것입니다. 시간은 많고 할 일은 없으니까요. 번식에 필요한 기술을 도입하고 여자 10명당 남자 한 명씩 분배하면 현재의 경제 규모로 성장하는데 20년 정도면 충분할 겁니다.

1964년에 만든 영화라고는 믿을 수 없을 만큼 현대 기술의 맹점과 허구를 꿰뚫고 있는 대화에 깜짝 놀라게 된다.

소위 '지도자'들이 국민을 위해 항상 합리적이고 이성적인 판단을 할 것이라는 기대는 미신이다. 모두가 항상 깨어 있어 감시하고 함께 견제해야 한다. 오래전 제작된 영화이지만 현재의 어떤 영화보다 재미있고 많은 생각을 하게 하는 영화다.

cinema **5**

스노든
Snowden, 2016
나 홀로 아니라고 말하기

감독 올리버 스톤(Oliver Stone)
각본 올리버 스톤(Oliver Stone)
키에란 피처랄드(Kieran Fitzgerald)
주연 조셉 고든-레비트(Josheph Gordon-Levitt)
세일린 우드리(Shailene Woodley)

누군가 듣고 있다

〈플래툰(Platoon)〉, 〈7월 4일생(Born on the Fourth of July)〉 등 반전 영화를 만든 진보 성향의 올리버 스톤(Oliver Stone) 감독의 영화다.

미국의 정보 수집과 분석을 담당하는 NSA(National Security Agency)의 개인 정보 불법감청과 검열을 목숨 걸고 폭로한 에드워드 스노든(Edward Snowden)의 국가 기밀 폭로 사건을 소재로 하고 있다. NSA는 National Security Agency(미국 안보국)의 머리글자이지만 별명이 No Such Agency일 정도로 비밀에 싸인 조직이다. 사용 예산도 CIA보다 훨씬 많은 것으로 알려져 있으며 전 세계 모든 유무선 통신을 도청하고 감시할 수 있는 능력을 갖추고 있다. 1998년에 개봉된 〈에너미 오브 스테이트(Enemy of State)〉와 〈머큐리(Mercury Rising)〉에서도 NSA의 불법 감청 등에 대해 다루고 있다.

영화 〈국가의 배신자(Enemy of State, 1998)〉에서 전직 NSA 요원인 브릴(Brill)은 NSA의 공작에 대해 다음과 같이 설파했다.

> Brill: The government's been in bed with the entire telecommunications industry since the forties. They've infected everything. They get into your bank statements, computer files, email, listen to your phone calls… Every wire, every airwave. The more technology used, the easier it is for them to keep tabs on you. It's a brave new world out there.

브릴: 미국 정부는 1940년대 이래 모든 통신회사와 한통속이야. 모든 통신에 침투해 있지. 당신 은행 계좌와 이메일도 들여다보고 휴대전화 통화 내용도 다 듣고 있지. 유선이건 무선이건 상관없어. 기술이 더 발달할수록 감시하기가 더 쉽지. 멋진 신세계(Brave New World)에 이미 살고 있는 거야.

우리는 이미 미래에 살고 있는가

〈브레이브 뉴 월드(Brave New World)〉는 영국의 올더스 헉슬리(Aldos Huxley, 1894~1963)가 1932년도에 썼던 기계가 인간을 지배하는 암울한 미래에 관한 디스토피아(dystopia, 반 유토피아) 소설 제목이다. 조지 오웰(George Owell)의 소설 〈1984〉와 맥을 같이하면서도 인간의 모든 삶과 죽음을 지배하는 모습을 실감 나게 묘사했다. 이 세상에서 대부분의 인간은 특정 소수를 위해 봉사하는 노예다. 20세기 초반에 이런 소설을 쓸 수 있는 소설가의 혜안과 창의력이 대단하다.

A really efficient totalitarian state would be one in which the all-powerful executive of political bosses and their army of managers control a population of slaves who do not have to be coerced, because they love their servitude(Brave the World).

▶ ▶ Ⅱ

정말로 효율적인 전제 독재 국가는 전지전능한 힘을 지닌 정치 지도자들과 그 부하들이 별로 힘을 들일 필요도 없이 노예 상태에 있는 대다수 사람을 조정하면 되는데, 이 노예들은 자신들이 노예 상태에 있는지도 모르고 있거든.

이 신세계에 사는 사람들은 다음 상태에 빠져 있다.

We are not our own any more than what we possess is our own. We did not make ourselves, we cannot be supreme over ourselves. We are not our own masters(Brave the World).

▶ ▶ Ⅱ

이미 우리의 소유가 더 이상 우리 것이 아닌 것처럼, 우리도 우리의 주인이 아니다. 우리의 삶을 스스로 만들어나가지 못한다. 스스로 군림하지 못하니 우리가 우리의 주인이라고 할 수 없다.

대부분의 사람은 아직 미래에 살 준비가 되어 있지 않지만, 미래는 이미 우리와 함께 있다. 전 세계는 인터넷이라고 부르는 정보의 그물 안에 갇혀 있다. 사람들은 쉽게 정보를 얻고 교류하지만 그런 사람들을 감시하거나 조작하는 일은 더욱 쉬워졌다. 특정 나라의 정보부가 다른 나라의 대통령 선거에 영향을 주었다는 뉴스도 사람들은 쉽게 이야기한다.

모든 사람이 감시받는 암울한 미래를 그린 또 다른 명작 소설 〈1984〉에서 조지 오웰은 말한다. "비밀을 지키고 싶다면 당신도 모르게 숨겨야 해(If you want to keep a secret, you must also hide it from yourself)." 비밀을 지킬 수 없는 시대가 되어버린 것이다. 누군가 한 사람이라도 이 사실을 사람들에게 이야기해 주어야 하지 않을까.

어느 누구 하나가 홀로 일어나

1970년대 젊은이들에게 큰 영향을 주었던 김민기의 노래 〈친구〉 3절은 다음과 같다.

"눈앞에 보이는 수많은 모습들
그 모두 진정이라 우겨 말하면
어느 누구 하나가 홀로 일어나
아니라고 말할 사람 어디 있겠소"

사실 스노든은 NSA에서 계속 일하면 높은 금전적 보수 등 부러울 것이 없는 생활을 할 수 있었다. 그런 모든 혜택을 뒤로하고 현재 러시아에서 미래를 보장할 수 없는 망명 생활을 이어가고 있다. 스노든이 NSA의 불법 행위를 폭로하며 영국 〈Guardian지〉 기자에게 한 말이다.

Edward Snowden: Look, Mr. MacAskill, uh, this is not about money or anything for me. There's no hidden agenda. I just wanted to get this data to established journalists like yourselves, so that you can present it to the world, and the people can decide either I'm wrong or there's something going on inside the government that's really wrong.

▶ ▶ ⏸

에드워드 스노든: 제가 돈을 벌자고 이런 일을 하는 것이 아닙니다. 숨겨놓은 다른 이유도 없습니다. 모든 사람이 알고 있는 언론인인 당신에게 이런 실제 데이터를 드려서 세상에 알리고자 할 따름입니다. 그렇게 해서 사람들이 보고, 제 결정이 틀린 것인지 아니면 미국 정부 내부에서 하고 있는 일들이 정말로 잘못된 것인지 알리고자 함입니다.

틀리고 잘못된 일을 보았을 때 스노든처럼 용기 있고 바른 행동을 할 수 있을까. 나를 포함한 대부분의 사람이 그렇게 하지는 못할 것이다. 모두가 스노든 같을 수는 없는 일이다. 하지만 이렇게 용기 있게 나서서 진실을 말하는 사람이 있을 때 그 말을 들어주고 다른 이들에게 알리는 조그만 일 정도는 우리가 할 수 있지 않을까.

영화 마지막에 실제 스노든이 등장하여 다음과 같이 경고한다.

Edward Snowden: And ultimately, the truth sinks in that no matter what justification you're selling yourself, this is not about terrorism. Terrorism is the excuse. This is about eco-

nomic and social control. And the only thing you're really
protecting is the supremacy of your government. And it's just
gonna get worse for the next generation, as they extend the
capabilities of this sort of architecture of oppression.

에드워드 스노든: 궁극적으로 어떤 핑곗거리를 만들어도 진실은 드
러납니다. 불법 도청은 테러리즘 때문이 아닙니다. 테러리즘은 핑계에
지나지 않습니다. 이는 경제적·사회적 통제입니다. 그리고 이 와중에
정말로 보호하는 것은 힘센 정부입니다. 다음 세대로 갈수록 이런 현
상은 더욱 심해질 것입니다. 정부는 우리를 억압할 수 있는 이런 종류
의 기술 능력을 더욱 강화할 것이기 때문입니다.

깨어 있는 대부분의 시간 동안 인터넷에 갇혀 사는 젊은이에게 꼭 권
하고 싶은 영화다.

DUSTIN HOFFMAN ROBERT DENIRO

WAG ᵗʰᵉ DOG
A Biting Comedy

왝 더 독
Wag the dog, 1997
네가 나한테 어떻게 이럴 수 있어

감독 배리 레빈슨(Barry Levinson)
각본 래리 바인하트(원작소설: 미국의 영웅,
    American Hero)
    힐러리 헨킨(Hilary Henkin)
    데이비드 마멧(David Marnet)
출연 더스틴 호프만(Dustin Hoffman)
    로버트 드 니로(Robert De Niro)
    앤 헤쉬(Anne Heche)

꼬리가 개를 흔들 수 있을까

1989년 최우수 영화 등 8개의 오스카상을 수상한 명작 〈레인 맨(Rain man)〉을 감독한 배리 레빈슨(Barry Levinson) 감독 작품이다. 인간성의 근원을 탐구했던 〈레인 맨〉과는 달리 이 영화는 미국 정치에 대한 신랄한 비판을 주제로 하고 있다. 〈레인 맨〉에서 주인공으로 출연했던 더스틴 호프만(Dustin Hoffman)이 영화 제작자로 변신해 로버트 드니로(Robert De Niro)와 손발을 맞춘다. 유명한 컨츄리 음악 가수인 윌리 넬슨(Willie Nelson)도 출연한다. 윌리 넬슨의 음악을 듣는 일도 이 영화를 보는 즐거움 중하나다.

원래 왝 더 독(Wag the dog, 꼬리가 개를 흔들다)이라는 표현은 마케팅에서 돈을 주고서라도 사고 싶은 매력적인 사은품을 공짜로 주면서 본 제품을 비싸게 구매하게 만드는 마케팅 전략이다. 개가 꼬리를 흔드는 경우가 정상인데 꼬리가 개를 흔드니 특정한 목적을 위해 본말이 전도되었다는 말이다.

이 표현에 대해 설명하기 위해 영화 시작 부분에 다음과 같은 말이 나온다.

Why does a dog wag its tail? Because a dog is smarter than its tail. If the tail were smarter, the tail would wag the dog.

▶ ▶ ❚❚

개가 꼬리를 흔드는 이유를 아는가? 개가 꼬리보다 똑똑하기 때문이다. 만일 꼬리가 더 똑똑하다면 꼬리가 머리를 흔들겠지.

꼬리가 똑똑해져서 마음먹고 조작하고 속이려만 든다면 머리를 얼마든지 속일 수 있다는 의미로 사용된다. 이 영화는 세계 최고의 강대국 미국 정치의 현실을 코미디화해서 보여주는 흥미로운 영화다. 재선을 위한 대통령 선거를 2주일 앞둔 미국 대통령이 섹스 스캔들에 휘말린다.

알려주는 것만 알면 돼요

정치에서 우리는 사건을 사건으로 덮는 경우를 수없이 봐왔다. 로버트 드 니로를 중심으로 백악관 참모들은 영화 제작자인 더스틴 호프만에게 의뢰하여 가짜 전쟁을 연출한다. 어차피 사람들은 전쟁의 이야기와 화재에만 관심이 있을 뿐이기 때문에 영화 제작 기법으로 그럴듯한 전쟁 이야기만 만들어주면 된다. 사람들의 관심을 다 가져올 수 있다는 목적으로 여론 조작을 시작한다.

이 작전은 보기 좋게 성공하여 사람들은 전쟁에만 관심을 기울이고 전쟁을 수행할 현직 대통령은 여유 있게 재선에 성공한다는 줄거리다. 더스틴 호프만이나 로버트 드니로 같은 명배우의 연기를 보는 것은 큰 즐거움이긴 하지만 우리도 수없이 겪은 공작 정치의 생생한 단면을 회상하니 등골이 오싹하다.

제2차 세계 대전을 일으켜 수많은 사람을 죽게 하고 전 세계에 엄청난 피해를 끼쳤던 히틀러의 두뇌 역할을 하고, 정치 선전의 명수였던 괴벨스(Joseph Goebbels)는 독일 대중들의 심리를 쥐고 흔들어 사람들을 전쟁에 참여하게 만들고 혹독한 희생을 견디게 했다. 그의 연설을 들은 사람들은 독일 패망의 직전까지 독일이 전쟁에 승리한다고 굳게 믿을 정도였다고 한다.

괴벨스가 했다는 말 중에서 사람들이 가장 많이 기억하는 말은 "거짓말은 처음에는 부정하고, 그다음에는 의심하지만, 되풀이하면 결국 믿게 된다"는 말이다. 하지만 사실 이 말이 정말로 괴벨스가 한 말인지는 진위 여부가 불투명하다고 한다. 괴벨스가 한 말이라고 확실하게 알려진 말 중에서는 다음의 말이 영화 〈왝 더 독〉에서 사용된 여론 조작을 위한 공작을 가장 잘 설명하는 말이라고 생각한다. "프로파간다(정치선동)는 사랑과 같다. 일단 성공한 것에 대해서는 누구도 그 과정에 대해 책임을 물을 수 없다." (뉴스톱, http://www.newstof.com)

정치인 중에는 자신들의 정치적 야욕을 위해서 상대방을 비난하고 때로 가짜 뉴스를 남발하는 사람도 있다. 많은 경우 들통이 나지만 때로 그 시도가 성공해서 상대방에게 타격을 주게 되는 경우 시간이 지나면, 사람들은 그 과정의 책임에 대해서는 그냥 넘어가는 경우가 대부분이다. 여론 조작은 이렇게 무섭다.

모든 사람은 평등하게 창조되었다

로버트 드니로는 전쟁 상대로 동유럽의 가난한 나라 알바니아(Al-bania)를 고른다. 이에 대해 백악관 참모인 에임즈(Ames)가 왜 하필 알바니아냐고 묻자 아무도 모르는 나라이고 우리가 어떻게 해도 반격할 나라가 못 되니 그래도 된다고 한다. 소위 세계 최고의 강대국인 미국의 일부 우월주의자들이 보이는 그릇된 세계관이다.

전 미국 대통령인 도날드 트럼프(Donald Trump)는 2018년 1월 9일 자신의 집무실에서 상원의원들과 이민 정책에 대해 이야기를 나누다가 아이티, 엘사바도르, 아프리카 국가들을 언급하며 다음과 같이 말했다고 한다(이 사건은 여러 방송 신문에서 보도했다).

Why are we having all these people from shithole countries come here?

왜 이런 쓰레기 같은 나라에서 우리나라에 몰려오는 거야?

트럼프를 비롯한 백인 우월주의자들이 가지고 있는 인식의 단면을 잘 나타내는 사건이다. 이민으로 세우고 번성해서 세계 지도국가가 된 미국의 정체성을 잃어가는 것 같아 씁쓸한 사건이었다. 인종, 경제, 정치 조건 등이 아니라 순수한 인류애로 우리와는 다른 나라 사람들을 존중하는 그런 세상이 되기를 바라는 일은 아직은 무리일까.

1776년 공포된 미국 독립선언문 첫 부분은 이렇게 시작한다.

We hold these truths to be self-evident, that all men are created equal, that they are endowed by their Creator with certain unalienable Rights, that among these are Life, Liberty and the pursuit of Happiness.

▶ ▶ ⏸

우리는 다음과 같은 것들을 자명한 진리로 믿는 바, 즉 모든 사람은 평등하게 창조된다는 것, 그들은 창조주로부터 다른사람에게 양도할 수 없는 일정한 권리를 부여받는다는 것, 그리고 여기에는 삶과 자유 및 행복의 추구 등이 포함된다는 것이다.

미국 사람들이 자랑하고 현재 미국의 뿌리이자 정신인 독립선언문에 분명히 기록된 이 말을 왜 미국 정치인들은 '편리하게' 망각하는 것일까. 영화 〈왝 더 독〉을 보며 강하게 드는 생각이다.

매트릭스
The Matrix, 1999
보이는게 다가 아니다

감독 라나 워쇼스키(Lana Wachowski)
릴리 워쇼스키(Lilly Wachowski)

각본 릴리 워쇼스키(Lilly Wachowski)
라나 워쇼스키(Lana Wachowski)

출연 키아누 리브스(Keanu Reeves)
로렌스 피시본(Laurence Fishburne)
캐리 앤 모스(Carrie-Anne Moss)

가상세계, 진짜 세상

원래는 워쇼스키(Wachowski) 형제가 각본을 쓰고 감독한 작품이다. 영화를 완성한 후 두 명이 차례로 성전환 수술을 하여 자매가 되었다.

2199년 무렵(영화에서 정확한 연도는 모든 인간의 기록이 사라져 알 수가 없다), 인간은 인공지능인 매트릭스(The Matrix)의 지배를 받는다. 인간은 태어나자마자 거대한 에너지 생성기에 갇혀 인공지능에게 에너지를 공급한다. 인간의 사고는 인공지능이 만든 시뮬레이션 세계에 살면서 데이터가 입력된 대로 생각하고 실제로 그렇게 살고 있다고 착각한다. 이러한 속박과 거짓을 거부하며 인공지능과 싸우는 인간의 이야기를 그린 작품이다.

인간의 상상력이 얼마나 무한한가를 볼 수 있는 멋지고 동시에 오싹한 작품이다. 이 영화의 아이디어 원천은 프랑스인 철학자 장 보드리야르(Jean Baudrillard)의 작품인 〈시뮬라크르와 시뮬라시옹(simulacre et simulation)〉이다. 장 보드리야르에 따르면 이 세상에는 원본은 존재하지 않는다. 우리가 보고 느끼는 사물들은 사실 실제로 존재하지 않지만, 존재하는 것처럼 때로는 존재하는 것보다 더 생생하게 착각하며 산다는 것이다. 영화에도 〈시뮬라크르와 시뮬라시옹〉 책이 잠깐 나온다.

우리가 실제 세상이 아닌 누군가가 가상으로 만들어놓은 시뮬레이션에 산다는 생각은 많은 사람이 주장했다. 스페이스 엑스(Sapce X)로 유명한 일론 머스크(Elon Musk)는 다음과 같이 말했다.

If you assume any rate of improvement at all, games will eventually be indistinguishable from reality. We're most likely in a simulation.

▶ ▶ ❙❙

현재의 속도로 계속 발전한다고 가정한다면, 게임은 결국은 현실과 구별이 불가능할 것이다. 우리는 시뮬레이션에 살고 있을 확률이 높다.

천체 물리학자인 닐 드그라스(Neil deGrasse)는 머스크가 제안한 시뮬레이션 가설이 맞을 확률이 50% 이상이라고 이야기한다.

옥스퍼드대학교 철학자이며 인공지능 문제에도 실제적이고 통찰력 있는 의견을 제시하는 닉 보스트롬(Nick Bostrom) 교수는 2003년 우리가 시뮬레이션 세계에 살고 있을 수도 있다는 가설을 주장하는 논문을 발표했다.

If there are long-lived technological civilizations in the universe and if they run computer simulations there must be a huge number of simulated realities complete with artificial-intelligence inhabitants who may have no idea they're living inside a game — inhabitants like us, perhaps.

▶ ▶ ⏸

우주에 장기간 생존한 기술적인 문명이 있다면, 그리고 그들이 컴퓨터 시뮬레이션을 운영한다면, 거기에는 틀림없이 엄청나게 많은 수의 가상현실이 존재할 것이고 그 안에는 완벽한 인공지능을 운영하며 사람들이 살고 있을 텐데 그들은 실제로는 게임 속에 살고 있다는 사실을 모르고 있을 것이다. 아마도 그런 존재가 우리일 것이다.

빨간 약, 파란 약

영화에서 네오(Neo)가 자신들을 인공지능의 압제에서 구해줄 구원자라고 믿는 인간 반란군 지도자 모피우스(Morpheus, 그리스 신화에서 꿈의 신 이름이다)는 아직 현실을 파악하지 못한 네오에게 진실을 알 기회를 준다. 유명한 빨간 약과 파란 약의 선택이다. 모피우스와 함께 인공지능과 싸우는 전사들은 모두 빨간 약을 선택했다. 우리는 모두 언젠가는 어렵지만 중요한 선택을 해야 한다. 힘든 선택을 하지 않고 사는 삶은 안전한 삶이 아니며 제대로 사는 삶이 아니다.

Morpheus: This is your last chance. After this, there is no turning back. You take the blue pill - the story ends, you wake up in your bed and believe whatever you want to believe. You take the red pill - you stay in Wonderland and I show you how deep the rabbit-hole goes.

▶ ▶ ⏸

모피우스: 이제 마지막 기회야. 이제 더 이상 되돌아 갈 수 없어. 파란 약을 먹으면 이야기는 여기서 끝나. 침대에서 잠을 깨서 믿고 싶은 대로 믿고 살면 돼. 빨간 약을 먹으면 신기한 나라에 계속 머물면서 바닥의 토끼굴이 어디까지 갈 수 있는지 보여줄 거야.

네오는 물론 빨간 약을 선택했다.

하나밖에 없는 지구

영화에서 인공지능 매트릭스를 지키며 인간들과 싸우는 인공지능 프로그램 스미스(Smith) 요원이 인간들을 잡아놓고 말한다.

Agent Smith: I'd like to share a revelation that I've had during my time here. It came to me when I tried to classify your species and I realized that you're not actually mammals. Every mammal on this planet instinctively develops a natural equilibrium with the surrounding environment but you humans do not. You move to an area and you multiply and multiply until every natural resource is consumed and the only way you can survive is to spread to another area. There is another organism on this planet that follows the same pattern. Do you know what it is? A virus. Human beings are a disease, a cancer of this planet. You're a plague and we are the cure.

▶ ▶ ‖

스미스 요원: 내가 이곳에 머물면서 발견한 바를 너희에게 말해줄게. 너희 종족을 분류하면서 깨달은 사실인데 너희는 포유류가 아니야. 지구상의 모든 포유류는 본능적으로 자신을 둘러싸고 있는 환경과 조화를 이루려고 노력해. 그런데 너희 인간들은 아니지. 이곳저곳 옮겨다니며 번식하고 번식해서 모든 천연자원을 모조리 다 써버려. 그리고 살아남기 위해 다른 지역으로 옮겨가고. 이런 생존 패턴을 갖는 종족이 또 하나 있어. 뭐라고 생각해? 바이러스야. 인간들은 병이고 지구의 암 덩어리들이야. 너희들은 없어져야 할 존재들이고 우리가 치료약이야.

바이러스(Virus)는 유기체의 살아 있는 세포를 통해서만 생명 활동을 하는 '존재'이다. 평상시에는 돌덩어리와 같은 상태로 비활성화되어 있다가 생명체의 세포와 접촉하면 이에 기생하여 생명 활동을 시작한다. 자체적으로 신진대사를 할 수는 없지만 다른 세포가 가진 유전정보를 복제할 수 있는 능력은 있기 때문에 바이러스는 다른 생명체 없이 스스로 생명 활동을 할 수 없다. 따라서 바이러스를 생명체라고 부를 수 있는지에 대해서는 논란이 있다.

생명체라고 부를 수도 없는 바이러스가 정말 잘하는 일은 번식하는 일이다. 자신의 번식에 맞는 생물 환경만 조성되면 무섭게 번식하고 우리에게 큰 피해를 주기도 한다. 바이러스의 증식을 막는 가장 효과적인 방법은 바이러스가 증식할 수 있는 환경을 만들지 않는 일이다. 사람들의 마음을 파고들며 가짜 뉴스로 갈등과 분열의 씨를 퍼트리는 바이러스 같은 미움과 거짓이 퍼지지 않게 하는 길은 바이러스가 번식할 수 있는 환경을 미리 없애는 일일 것이다.

감독의 상상력이 빛나는 영화지만, 마음이 불편한 이유는 인간이 하나밖에 없는 지구를 이렇게 학대하면 결국 그 피해는 인간에게 돌아오게 되는 것이 아닌가 하는 생각 때문이다. 전 세계를 괴롭히고 우리의 정상적인 삶을 파괴하고 있는 바이러스의 피해를 보면서 드는 생각이다.

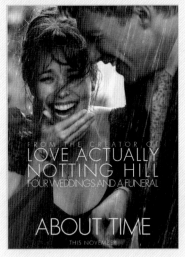

어바웃 타임
About time, 2013
돌아간다고 반드시 행복할까

각본 및 감독 리처드(Richard Curtis, 영국)
출연 도널 글리슨(Domhnall Gleeson)
　　　　래이첼 맥아담스(Rachel McAdams)
　　　　빌 나이(Bill Nighy)

이제라도 해야지

　영화감독 리처드(Richard Curtis, 영국)는 〈러브 액츄얼리(Love Actually, 2003)〉와 〈네 번의 결혼식과 한 번의 장례식(Four Weddings and a Funeral, 1994)〉 등의 흥행에 성공한 영화 제작 감독이다.

　어바웃 타임(About time)은 시간에 관해서라는 뜻도 있지만, '진작에 그렇게 했어야지', '늦었지만 이제라도 해야지', '이젠 할 때가 되었어' 등의 뜻도 함께 있다. 그러니까 이 영화는 시간에 관한 내용을 담고 있는 동시에 거의 모든 사람이 느끼고 있는 시간의 속성에 관한 이야기이기도 하다. 시간을 너무나 알뜰하게 잘 사용해서 이 세상을 떠날 때 아무 후회가 없다는 사람이 있기는 할까. 아마도 대부분 사람이 느끼는 시간에 관한 생각은, 시간은 우리가 깜빡 속아넘어갈 정도로(deceptively) 빠르게 지나간다는 것이다.

 또 사실 우리가 이 세상에서 살 시간은 눈으로 보아도 그리 길지는 않다. 아래 그림에서 네모 한 칸은 한 달을 나타내고 전체 그림은 90년을 표시한 것이다. 현재의 의학 기술로 건강하게 활동적으로 90년을 사는 일은 그리 쉽지 않은데, 90년을 한 달 단위로 모아보아도 그리 많지 않다. 우리가 그냥 모르고 살 뿐이다. 영화 제목 '어바웃 타임'은 이제 시간과 사는 일에 대해 한번 생각해 볼 때가 되었다는 의미를 담고 있는 듯하다.

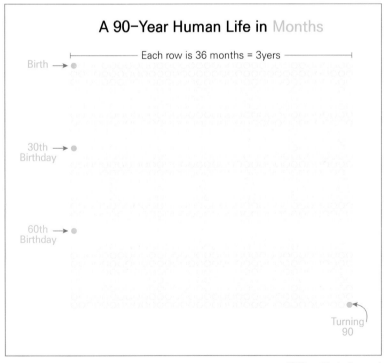

(출처: waitbutwhy.com)

영화에서 팀(Tim, 도널 글리슨)은 스물한 살 되던 해에 아버지(빌 나이, Bill Nighy)에게 놀랄 만한 비밀을 듣는다. 팀의 집안 남자들은 스물한 살 될 때부터 자신이 기억할 수 있는 과거 시점으로 이동하는 능력을 타고난 다는 것이다. 이 믿기 힘든 사실을 간단한 실험을 통해 확인한 팀은 아버지와 대화를 나눈다.

Son: What have you done with it?
Father: For me, it's books, books, books. I've read everything a man could wish to. Twice. Dickens three times. Any first thoughts?
Son: Money would be the obvious thing.
Father: Very mixed blessing. Utterly screwed up your grandfather's life. Left him without love or friends. I've never bumped into a genuinely happy rich person.

⦿ ▶ ⏸

아들: 아버지는 그 능력을 어디에 사용하셨나요?
아버지: 나야 계속 책을 읽었지. 사람이 읽기 원하는 모든 책을 읽었 지. 그것도 두 번씩. 디킨스의 모든 책은 세 번 읽었다. 너는 무엇을 하 고 싶다는 생각이 드니?
아들: 무엇보다 돈 아닐까요?
아버지: 돈은 축복이지만 아닐 수도 있어. 네 할아버지는 인생을 망쳤 지. 사랑도 친구도 다 잃어버리고. 진짜로 행복한 부자는 만난 적이 없 구나.

과거로 돌아갈 수 있다면 많은 돈을 벌 수 있을 것이다. 그러나 아버지 는 돈 대신 책을 읽는 일을 선택했다. 또 아들에게 돈은 축복이 아니라는 말도 한다. 돈을 많이 가지는 일보다 지혜의 보고인 책을 읽어서 세상과 사물을 바라보는 눈을 기르고 다른 사람에게도 도움이 되는 인생을 사는 일을 아들에게 권한다. 시간 여행 영화의 히트작 〈백 투더 퓨처 2편(Back to the future 2, 1989)〉에서도 등장인물 중 한 명이 미래의 자신에게 도움을 받아 스포츠 게임 결과를 미리 알게 되어 스포츠 도박에서 어마어마한 돈을 벌지만 결국은 돈 때문에 자신을 망치고 마는 상황을 그리고 있다.

과거로 돌아가고 싶으신가요

사실 시간을 거슬러가는 일은 불가능하다. 단지 엄청나게 빠른 속도로 이동할 수 있다면, 내가 있는 공간 말고 내 밖의 공간의 시간이 상대적으로 천천히 흘러 미래로 갈 수 있다는 이론은 있다. 그러나 이것도 빛의 속도에 가깝게 간다는 전제가 필요한데 이는 현재 과학으로는 불가능한 일이다. 한마디로 시간 여행은 불가능하다. 앞으로 과학이 엄청나게 발달해서 우리가 알고 있는 물리 법칙을 다 깰 수 있다면 혹 가능해질 수도 있겠지만, 지금은 아니다.

설사 과거로 돌아가는 일이 가능하다고 해도, 과거로 돌아가 자신의 삶을 바꾸면 행복해질까. 영화 〈레트로액티브(Retroactive, 1997)〉에서 주인공들은 과거로 돌아가 자신들이 저지른 잘못을 고치려고 노력하지만 그렇게 할수록 상황은 더 악화된다. 그렇게 과거로 돌아가는 불가능한 일을 꿈꾸지 말고, 하루하루를 성실하게 시간을 아끼며 하고 싶은 일을 열심히 하면서 살아가라고 애플 컴퓨터 창업자 스티브 잡스는 충고한다.

하루 하루를 마지막 날인 것처럼

스티브 잡스는(Steve Jobs, 1955-2011)는 2005년 스탠퍼드대학(Stanford University) 졸업 축하연설에서 이런 말을 했다.

If you live each day as if it were your last, someday you'll be right. Every morning I looked in the mirror and asked myself: If today were the last day of my life, would I want to do what I do today? And whenever the answer has been "No" for too many days in a row, I know I need to change something.

매일매일 이날이 바로 내 생의 마지막 날인 것처럼 살면 언젠가는 그날이 오겠지요. 매일 아침 거울 앞에서 나에게 묻습니다. 만일 오늘이 내 생의 마지막 날이라 하더라도 오늘 내가 하려는 그 일을 할 것인가? 그리고 이 질문에 대한 대답이 며칠 계속 "아니다"라면 변화가 필요함을 깨닫습니다.

Your time is limited, so don't waste it living someone else's life. Don't be trapped by dogma — which is living with the results of other people's thinking. Don't let the noise of others' opinions drown out your own inner voice. And most important, have the courage to follow your heart and intuition. They somehow already know what you truly want to become. Everything else is secondary.

여러분의 시간도 정해져 있습니다. 그러니 다른 사람이 정해주는 인생을 살면서 낭비하지 마십시오. 다른 사람의 생각에 맞추어 사는 함정에 빠지지 마세요. 다른 사람이 소리 높여 주장한다고 스스로 생각하기를 멈추지 마세요. 가장 중요한 사실은 여러분의 마음이 이끄는 대로 또 마음이 편한 그 길을 따라가십시오. 여러분의 마음은 여러분이 무엇이 되기를 원하는지 이미 알고 있습니다. 그 외의 일은 중요하지 않습니다.

영화의 마지막에 팀은 자신이 더 이상 시간 여행을 하지 않는다고 말한다.

The truth is, I now don't travel back at all. Not even for the day. I just try to live every day as if I've deliberately come back to this one day to enjoy it as if it was the full final day of my extraordinary, ordinary life.

▶ ▶ ⏸

솔직히 말하면 이제 시간을 거슬러 올라가는 일은 전혀 하지 않아. 단 하루도. 매일매일을 내가 일부러 미래에서 오늘로 거슬러온 것처럼, 또 오늘이 나의 범상하면서도 평범한 일생의 마지막 날인 것처럼 즐기며 살고 있어.

시간이 많이 남았다고 착각하고 온종일 게임을 하는 젊은이들에게, 어린 자녀가 항상 어릴 것이라고 착각하며 그 앞에서 스마트폰에 빠져있는 젊은 엄마들에게, 주말이면 TV 앞에서 온종일 시간을 보내고 있는 아빠들에게 꼭 권하고 싶은 영화다.

타임 머신
The Time machine, 1960
시간은 거꾸로 흐르지 않는다

원작 에이치 지 웰스(H. G. Wells)
감독 조지 팰(George Pal)
출연 로드 테일러(Rod Taylor)
앨런 영(Alan Young)
이베트 미뮤(Yvette Mimieux)

세대를 앞서가거나 만들어내거나

에이치 지 웰스(H. G. Wells, 1866~1946)가 1895년도에 쓴 소설 〈타임머신(Time Machine)〉을 영화로 만든 것이다.

웰스(Wells)는 투명 인간(The invisible man)과 우주 전쟁(the War of the Worlds) 등의 공상과학 소설을 쓴 작가로 그의 많은 작품이 영화로 다시 제작되었다. 필력과 작품성을 인정받아 네 차례나 노벨 문학상에 지명되었으나 수상하지는 못했다.

그의 소설 중 가장 화제에 오른 작품은 우주 전쟁(the War of Worlds)이다.

여러 차례 TV 드라마와 라디오 드라마, 영화로 만들어졌다. 미국의 감독 오슨 웰스(Orson Welles, 1915~1985)는 〈우주 전쟁〉을 1938년 라디오 드라마로 제작했다. 드라마의 시작으로 화성인이 지구를 침공하는 뉴스를 전국에 방송하는 형식을 택했다.

아무 예고 없이 뉴스가 나오는 형식이다 보니 미국 전역을 공포에 빠뜨리게 하는 진풍경이 연출되었다. 드라마라는 사실은 미리 알리고 시작했으나, 시작 부분을 놓친 사람들이 진짜 뉴스로 착각하여 피난길에 나섰고 사재기 열풍에 주지사의 명령으로 주 방위군이 출동하는 대소동이 벌어졌다.

지금은 인터넷이 있으니 금방 확인할 수 있겠지만 1930년대는 라디오에 모든 뉴스를 의존하던 때이니 이런 일이 일어날 수도 있었을 것이다. 어떻게 생각하면 그때가 좋았다는 아련한 향수까지도 느끼게 할 수 있는 사건이다.

웰스 같은 작가를 묘사할 때 단순히 그냥 시대를 앞서간 사람이라고만 말하기에는 부족하다. 같은 시대를 살면서 거의 같은 교육을 받고 노출되는 기술과 정보도 거의 비슷한 상황에서, 어떻게 다른 사람보다 더 뛰어난 창의력으로 마치 미래를 내다보는 것처럼 소설을 썼을까.

이런 사람은 또 있다. 프랑스의 작가 쥘 베른(Jules Verne, 1828~1905)이다. 쥘 베른은 아무도 생각하지 못하는 심해 잠수함과 달까지 가는 로켓 등을 소설의 소재로 삼았다. 쥘 베른이 살았던 당시에는 아무도 상상하지 못했던 발명품들이다. 혹시 쥘 베른이나 웰스는 타임머신을 타고 현재를 다녀갔던 것은 아닐까. 물론 그런 일은 없었을 것이다. 그렇다면 자유로운 상상을 하게 만든 그들의 비결은 무엇일까.

너무나 하고 싶은 시간 여행

시간 여행은 매력 있는 소재다. 사람들의 바람은 동서고금을 막론하고 그렇게 다르지 않다. 과거로 돌아가서 고치고 싶은 것이 있거나, 미래로 돌아가 어떤 일이 생길지 미리 보고 싶은 마음이 가득하다. 그래서인지 시간 여행에 관해 수많은 영화가 제작되었다. 추천할 만한 시간 여행 영화는 다음과 같다.

터미네이터 1, 2(Terminator 1 and 2, 1984, 1991)

백 투 더 퓨처(Back to the future, 1985)

12 몽키즈(Twelve Monkeys, 1995)

레트로액티브(Retroactive, 1997)

어바웃 타임(About Time, 2013)

엣지 오브 투모로우(Edge of Tomorrow, 2014)

1960년에 제작된 영화 타임머신(The Time machine)은 현대 영화 같은 특수 효과나 컴퓨터 그래픽은 없지만, 명작 원작 소설을 바탕으로 실감 나고 탄탄하게 제작되었다.

도대체 책에 무슨 짓을 한거야

주인공 조지(George)는 먼 미래로 여행한다. 그곳에서 만난 사람들은 일도 하지 않지만 누군가가 입을 것과 먹을 것을 제공해 준다. 사람들은 생산적인 일이라고는 하지 않고 지낸다. 밤이 되면 괴물들이 나타나 사람들을 잡아가서 죽이고 실험하지만, 사람들은 반항하지도 않고 순순히 잡혀간다. 도대체 왜 이런 일이 일어났는지 궁금한 조지는 사람들에게 역사책을 보여달라고 한다. 그러자 사람들은 책이 있긴 있다며 조지를 책이 쌓여 있는 곳에 데려간다. 하지만 책들은 오랜 시간 읽지 않고 방치된 탓에 손을 대면 먼지가 되어 날아가 버린다. 이에 분노한 조지가 사람들을 향해 소리친다.

George: What have you done? Thousands of years of building and rebuilding, creating and recreating so you can let it crumble to dust. A million years of sensitive men dying for their dreams… for what? So you can swim and dance and play.

조지: 도대체 무슨 짓을 한 거야? 수없이 긴 시간 동안 쓰고 또 쓰고 창조하고 재창조한 소중함을 너희는 먼지가 되도록 방치한 거야? 엄청나게 오랜 시간 사람들은 책을 읽고 꿈을 얻고 그 꿈을 지키기 위해 자신을 희생했는데, 너희는 그런 것을 모르고 수영하고 춤추고 놀기만 한 거야?

웰스는 이 대사를 통해 사람들에게 책을 읽으라는 메시지를 남긴 것이다. 자신이 시대를 앞서가는 창의력을 발휘한 비결은 바로 독서에 있다는 점을 강조한 것으로 보인다.

21세기 들어 기술이 발달하고 모든 기술과 데이터가 디지털화되면서 책은 아날로그 취급을 받으며 사람들에게서 멀어지고 있다. 큰 출판사들도 책이 너무 안 팔린다고 호소한다. 디지털화된 전자책도 판매가 잘되지는 않는다고 한다. 사람들은 길어야 20분짜리 동영상에 빠져서 며칠이나 몇 달을 읽어야 하는 책에서는 멀어지고 있다.

그러나 한 가지는 분명히 말할 수 있다. 책을 읽지 않으면 꿈이 없어지고 꿈이 없으면 살지 못한다. 성경에도 꿈의 중요성을 강조한 대목이 나온다.

Where there is no vision, the people perish. 꿈이 없는 백성은 망한다(잠언 29:18 King James Version).

너무 바쁘고 컴퓨터와 스마트폰에 빠져 책을 멀리하는 모든 이에게 꼭 권하고 싶은 영화다. 지금 책을 읽지 않으면 미래가 없을 수도 있다.

영화로 보는 세상
영어교수 추천영화 40편

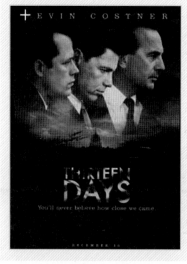

서틴 데이즈
Thirteen Days, 2000
세상을 구하는 데 13일이면 된다

감독 로저 도날슨(Roger Donaldson)
각본 데이비드 셀프(David Self)
　　　어니스트 메이(Ernest R. May)
　　　필립 젤리카우(Philip D. Zelikow)
주연 케빈 코스트너(Kevin Costner)
　　　브루스 그린우드(Bruce Greenwood)
　　　숀 드리스콜(Shawn Driscoll)

Not in my Backyard

이 영화는 1962년 10월 소련이 쿠바(Cuba)에 핵미사일 설치를 시도한 실화를 소재로 하고 있다.

스페인의 식민지였던 쿠바는 1902년 독립하였지만, 실질적으로는 미국자본의 사탕수수에 대한 투자 등으로 미국 지배하에 있었다. 대부분 토지를 미국 자본과 쿠바인 대지주들이 소유하고 집중되어 있었기 때문에 일반 국민은 궁핍한 생활을 벗어날 수 없었다.

독재정권의 부패가 심화되어 여러 차례의 민중봉기가 일어났지만, 미국의 비호하에 진압되었다. 부패한 정치인들이 계속 지배하던 쿠바가 피델 카스트로(Fidel Castro)와 체 게바라(Che Guevara) 등이 주도한 혁명 세력에게 전복되어 1959년 공산화된다.

전 세계 공산 국가의 대부인 소련으로서는 미국 바로 아래에 위성 국가를 설치한 셈이다. 미국으로서는 여간 신경 쓰이는 일이 아니었다. 1961년 취임한 케네디 대통령은 미국에 있던 쿠바인들이 쿠바를 침공하는 작전(Bay of Pig invasion)을 지원했으나 이 작전은 실패했다. 쿠바는 미국이 자신들의 내정에 개입하지 못하게 하는 장치가 필요했다. 흐루쇼프(Khrushchev)가 이끄는 소련 또한 미국을 견제할 장치가 필요했다. 두 나라의 의도가 맞아떨어진 결과가 쿠바에 핵미사일 기지를 설치하는 시도였다. 이 미사일이 설치된다면 쿠바는 미국 동부와 중부 전역에 5분 안에 도달해 엄청난 피해를 줄 수 있는 살상력을 보유하게 되는 셈이다.

1961년 45세라는 젊은 나이에 미국 대통령에 취임한 존 에프 케네디(John F. Kennedy) 대통령은 그의 취임 연설에서 핵무기를 보유한 미국과 소련 두 강대국이 어떻게 행동해야 하는지 다음과 같이 강조했다.

But neither can two great and powerful groups of nations take comfort from our present course-both sides overburdened by the cost of modern weapons, both rightly alarmed by the steady spread of the deadly atom, yet both racing to alter that uncertain balance of terror that stays the hand of mankind's final war.
So let us begin anew-remembering on both sides that civility is not a sign of weakness, and sincerity is always subject to

proof. Let us never negotiate out of fear. But let us never fear to negotiate. Let both sides explore what problems unite us instead of belaboring those problems which divide us.

▶ ▶ ⏸

그러나 위대하고 강력한 우리 두 나라가 현재 상황에 만족해서는 안됩니다. 양 국가는 현대무기 개발과 유지에 엄청난 부담을 안고 있습니다. 무시무시한 핵이 지속해서 확산되는 현상에 경각심을 가지고 있는 것은 올바른 일입니다. 그리고 양 국가는 어떤 끔찍한 결과를 초래할지 모르고 인류를 모두 멸망시켜 버릴 수도 있는 전쟁의 공포를 막기 위해 노력하고 있습니다. 이제 새로 시작합시다. 서로 인류를 생각하는 일은 약하다는 뜻이 아닌 서로에게 진실하게 대하면서 그 진실함을 서로에게 보여주도록 합시다. 두려움 때문에 서로 협상하지는 맙시다. 하지만 협상하는 것을 두려워하지는 맙시다. 우리를 분열시키는 문제에 얽매이지 말고 문제 해결을 위해 서로 협력합시다.

제발 전쟁은 하지 맙시다

쿠바 미사일 위기 당시, 사실 미국의 군부는 젊은 케네디를 무시하고 무력을 사용하여 쿠바를 점령하자는 주장이 대세였다. 우리나라도 비슷하다. 남북 간의 위기와 긴장 상태가 닥치면 전쟁을 해도 좋다고 나서는 사람들이 있다. 전쟁하면 그 결과가 어떻게 되는지 뻔히 알면서 말이다. 20세기 많은 전쟁에서 싸우고 지휘한, 전쟁을 가장 잘 아는 맥아더(MacArthur) 장군은 그의 전역 연설(1951년 4월 19일)에서 다음과 같이 말했다.

I know war as few other men now living know it, and nothing to me is more revolting. I have long advocated its complete abolition, as its very destructiveness on both friend and foe has rendered it useless as a method of settling international disputes.

▶ ▶ ‖

살아 있는 사람 중에서 전쟁을 나만큼 잘 아는 사람도 거의 없을 것입니다. 그렇지만 전쟁만큼 끔찍한 일도 없습니다. 나는 오랫동안 전쟁을 하면 안 된다고 계속 주장해 왔습니다. 전쟁은 아군과 적군 모두에게 끔찍한 피해를 주기 때문에 국제 분쟁의 해결책으로서는 전혀 쓸모가 없습니다.

제1차, 2차 세계대전과 한국 전쟁까지 겪은 백전노장의 고백이다. 전쟁은 하지 말아야 한다. 우리가 무기를 만들고 군대를 운영하며 전쟁을 준비하는 이유는 전쟁하지 않기 위해서다.

미국의 케네디와 소련의 흐루쇼프는 끝까지 평화를 위해 협상한다. 국가 간 협상에서 절대 승자는 없다. 정확히 말하면 서로 감당할 수 있는 그러면서도 체면을 유지할 수 있는 양보를 하는 일이 최선이다.

전쟁을 주장하는 군부와 일부 정치인들에게 케네디는 다음과 같이 말한다.

President Kennedy: What kind of peace do we seek? I am talking about genuine peace, the kind of peace that makes life on earth worth living. Not merely peace in our time but peace for all time. Our problems are manmade - therefore, they can be solved by man. For, in the final analysis, our most basic common link is that we all inhabit this small planet. We all breathe the same air. We all cherish our children's future. And we are all mortal.

▶ ▶ ⏸

케네디 대통령: 우리가 찾고자 하는 평화가 과연 무엇인가요? 진정한 평화 말입니다. 지구를 살만한 장소로 만드는 평화 말입니다. 우리 시대뿐만이 아니라 앞으로 모든 세대를 위한 평화 말입니다. 우리 문제는 우리가 초래한 것들입니다. 그러니 우리가 해결할 수 있습니다. 어떻게 분석하든지 결국 우리 모두에게 해당하는 일은 이 작은 지구에 우리 모두 함께 살아야 한다는 일입니다. 우리는 우리 후손들의 미래를 소중히 생각합니다. 그리고 우리는 언젠가는 지구를 떠나야 합니다.

결국, 케네디와 흐루쇼프는 군사적 대치의 긴장 속에서도 서로 양보했다. 소련은 쿠바에서 미사일 기지를 철수하고 미국은 쿠바를 침공하지 않으며 미국이 터키에 설치했던 미사일 기지도 철수하는 것으로 마무리되었다.

내일은 내일의 해가 떠오른다

위기가 종식된 후 영화 끝에 케네디 대통령의 절친한 친구이자 보좌관인 케니 오도넬(Kenny O'Donnel)은 다음과 같이 말했다.

Kenny O'Donnell: If the sun comes up tomorrow, it is only because of men of good will. And that's - that's all there is between us and the devil.

케니 오도넬: 만일 내일 해가 다시 떠오른다면, 이는 선의와 굳센 의지를 지닌 사람들 덕택이다. 그것만이 우리를 악마와 구분하는 유일한 길이다.

1962년 10월 미사일 위기가 끝난 후 1963년 11월 케네디 대통령은 텍사스 댈러스(Dallas, Texas)에서 암살된다. 흐루쇼프도 농업정책의 실패와 더불어 쿠바 미사일 위기 당시 미국에 너무 많은 양보를 했다는 비난 속에 권력을 잃고 1964년 실각한다. 케네디 대통령과 함께 위기를 극복했던 케네디 대통령의 동생 로버트 케네디(Robert Kennedy, 당시 법무부 장관)는 형이 암살된 후 1968년 미 대통령 선거에 출마하지만 1968년 6월 캘리포니아 유세 도중 암살된다. 케네디 대통령의 절친 케니 보좌관은 로버트 케네디의 대통령 선거를 열심히 돕지만, 그가 사망한 후 술에 빠져 1977년 알코올 중독 후유증으로 사망했다.

영화로 보는 세상
영어교수 추천영화 40편

영화로 **보는 세상**
영어교수 **추천영화 40편**

Chapter 02

돈으로 살 수 없는 것도 많다

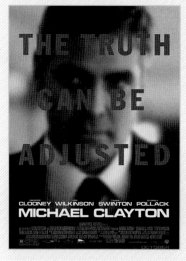

마이클 클래이톤

Michael Clayton, 2007
법 기술자들, 범죄자들

감독   토니 길로이(Tony Gilroy)
각본   토니 길로이(Tony Gilroy)
출연   조지 클루니(George Clooney)
       틸다 스윈튼(Tilda Swinton)
       탐 윌킨슨(Tom Wilkinson)

법률 서비스 팝니다

토니 길로이(Tony Gilroy)는 영화감독보다는 영화 각본 작가로서 더 유명하다. 그는 인기 흥행 대작 본(Bourne) 시리즈(Identity, Supremacy, Ultimatum, Legacy)의 각본 작가이며, 본 레거시(Bourne Legacy)는 감독까지 함께 겸했다. 토니 길로이의 아버지 프랭크 길로이(Frank Gilroy)도 유명한 영화감독이며 극작가였다. 아버지의 직업에서 긍정적인 영향을 받았을 것이고 아버지의 작업실에서 함께 책을 읽고 작품에 대해 이야기하는 장면이 머리에 그려진다.

2007년에 개봉한 영화 마이클 클래이톤(Michael Clayton)은 '미국의 법률 서비스와 정의란 무엇인가?'라는 주제가 절묘하게 결합된 영화다.

2020년 현재 미국에는 130만 명 이상의 변호사(attorney)가 법률 서비스를 제공하고 있다. 미국 인구가 3억 3천만 명 정도 되니 인구 약 250명당 변호사가 한 명 이다. 미국은 워낙 서로 고소 고발하는 사건이 많아서 더욱 많은 변호사가 필요하긴 하지만, 미국의 총 의사 수가 100만 명 정도인 것을 생각하면 변호사 수가 이렇게 많이 필요한지 의문이 든다. 미국 고속도로를 따라 차를 몰다 보면 고속도로 길가 커다란 빌보드(billboard) 광고판에 변호사들이 내건 광고를 자주 보게 된다. 신문과 TV 등에도 변호사들의 광고는 참으로 많다. 이러다 보니 그리 크지 않은 교통사고가 나도 보험회사 등을 상대하기 위해 변호사를 찾는 경우도 허다하다.

변호사들이라고 다 돈을 잘 버는 것도 아니다. 교통사고 등에 변호사가 가장 먼저 뛰어와서 자신들에게 사고 처리를 의뢰하라고 청탁하는 변호사들을 일컬어 '앰뷸런스 추적자(ambulance chaser)'라고 자조적으로 부르기도 한다.

대도시에는 대기업의 법률과 세금 조언 등을 주로 담당하는 대규모 법률회사(law firm) 등이 많이 있다. 고용된 변호사가 3천 명 이상 되고 연간 매출을 40억 달러(4조 원) 이상을 내는 법률회사도 드물지 않다. 이 법률회사들이 상품을 생산하는 것도 아니고, 이들의 매출은 거의 모두 변호사들의 수임료다. 변호사들이 긴 시간을 일해서 의뢰인(client, 주로 대기업)에게 청구(billing)해서 받는다. 그러니까 변호사들 각자의 시간당 단가가 업무시간에 달려 있다. 유능한 변호사는 시간당 $500까지도 청구한다. 또 변호사들은 일주일에 100시간도 더 일하는 것으로 잘 알려져 있다.

정의? 무슨 정의?

대형 법률회사가 대기업에 법률 서비스를 제공할 때 가장 이익을 많이 남길 수 있는 업무가 집단소송(Class Action Lawsuit)이다. 미국에서는 특정 상품에 대한 집단소송이 종종 발생한다. 담배 회사를 상대로 한 집단소송이나 특정 약품의 부작용 등에 대한 소송도 자주 발생한다. 이런 소송은 소송 참여인도 많고 실제 판결이 나기까지 오랜 세월이 걸리며, 기간이 오래 걸리고 사건이 복잡할수록 법률회사는 수임료로 큰돈을 벌게 된다.

이 영화에서는 다국적 화학 회사인 유 노스(U North)의 농약 부작용(사용한 농부들이 암으로 사망)에 대한 30억 달러(3조 원) 규모의 대형 집단소송이 몇 년째 진행 중이다. 유 노스는 농약에 문제가 없다고 주장하지만 실제로는 암을 발생하는 물질이 들어 있었으며 유 노스와 법률회사도 이를 알고 있다. 하지만 법률회사의 임무는 옳고 그름을 따지는 데 있지 않다. 자신의 법률 지식을 동원해서 자신을 선택한 의뢰인을 최대한 방어하는 일이다. 변호사는 피해를 입은 사람도 변호하지만, 피해를 입힌 '악당'도 변호해야 한다.

법률 대학원(Law School)을 졸업한 미국인 친구에게 들은 이야기가 있다. 수업 첫 시간에 들어온 교수가 다음과 같이 말했다고 한다. "너희는 법률을 배워서 서비스가 필요한 사람에게 제공하는 서비스 제공자들이지, '정의'를 실천하는 사람들과는 전혀 상관없는 사람들이야. 맘에 들지 않는 사람은 변호사가 될 생각을 하지 마"라고.

피소되거나 체포된 사람이 죄가 있는지 없는지 결정하는 일은 판사 (judge)나 배심원(jury) 등이 할 일이고 변호사는 자신이 어떤 사람을 변호하기로 결정했다면, 끝까지 그 사람의 무죄를 위해 노력해야 한다. 현대 법의 원칙은 죄가 있다고 증명되기 전까지는 무죄(innocent until proven guilty)다. 피소되거나 체포된 사람들의 유죄를 증명하는 일은 검사들 (prosecutor)의 일이다.

유 노스를 변호하는 책임 변호사는 아더(Arthur)다. 냉정하고 유능한 변호사지만 우울증에 시달리고 있다. 우울증이 심해 입원했고 그의 친구이자 영화의 주인공인 마이클이 찾아온다. 아더가 마이클(Michael)에게 호소한다.

Arthur Edens: I look up and Marty's standing in my office with a bottle of champagne - he tells me we just hit thirty thousand billable hours on U-North and he wants to celebrate. I start doing the math - thirty thousand hours, what is that? Twenty-four times thirty - seven hundred twenty hours in a month, eight thousand seven hundred and sixty hours per year… Wait! Because it's YEARS! It's lives! And the numbers are making me dizzy. I'm trying not to THINK! But I can't stop. Is that me? Am I just some freak organism that's been put here to eat and sleep and spend my days defending this one horrific chain of carcinogenic molecules? Is this my place?

▶ ▶ ‖

아더: 고개를 들어보니 마티(법률회사 대표)가 샴페인 한 병을 들고 서 있

더군. 말하기를 유 노스에 청구한 시간이 3만 시간에 도달했다고 말하더라고, 축하한다고. 그래서 계산을 해보았지. 3만 시간이라. 하루는 24시간이고 한 달은 720시간 일 년이면 8,760시간. 잠깐만 3만 시간이면 몇 년에 해당하는 시간이야. 내 인생의 소중한 부분을 이 일에 바친 거야. 숫자를 생각하니 어지러워졌어. 생각하지 않으려고 했지만 소용없었어. 이런 짓을 한 게 나라고? 여기 회사에서 먹고 자면서 내 삶을 이 발암물질을 세포에 퍼트리는 이 못된 기업을 위해 일하는 괴물이 된 거야? 정말 내가 이런 곳에 있어야 하는 거야?

돈이 다가 아니야

유 노스는 소송인들과 타협하고 소송 청구 비용보다 훨씬 더 적은 비용으로 일을 마무리하려 하고, 마티의 법률회사는 영국의 다국적 법률회사와 합병을 시도해 더 큰돈을 벌려고 한다.

한 편 아더는 법률회사를 떠나 유 노스와 싸우지만 의문의 죽음을 당한다. 마이클은 아더의 죽음 뒤에 유 노스가 있다는 강한 의심을 하고 아더가 찾은 발암물질의 증거를 가지고 마티와 충돌한다.

Michael Clayton: What if Arthur was onto something? What would they do, what would they do if he went public?
Marty Bach: What would they do? Are you fucking soft? They're doing it! We don't straighten this settlement out in the

next twenty four hours, they're gonna withhold nine million dollars in fees. Except there won't be anything for them to win, because by then the merger with London will be dead and we'll be selling off the goddamn furniture!

▶ ▶ ⏸

마이클: 아더가 정말로 결정적인 증거를 찾았다면 어떻게 하지요? 만일 아더가 터트리면 어떻게 하지요?

마티: 뭘 어떻게 해? 왜 이렇게 물러터졌어? 24시간 안에 합의안을 마무리하지 못하면 유노스는 우리에게 지불해야 할 9백만 달러 지불을 정지할 거야. 하지만 유노스도 좋을 것이 없는 것이, 이대로 가면 우리가 영국과 추진 중인 합병도 무산되고 우리는 유노스를 위해 아무 일도 못하고 전부 실업자가 되거든.

대기업의 윤리와 대형 법률회사의 도덕성 문제와 함께, 큰 조직에 속한 사람들이 소수의 이익을 위해 자신도 모르게 희생당하는 부속품에 지나지 않는 현실을 잘 그린 영화다. 우리나라도 극도로 편향되고 집단이익을 추구한다는 의심을 받는 조직들에 대한 개혁 움직임이 활발히 진행 중이다. 이상적인 세상은 오기 어렵겠지만 대다수 사람이 납득할 만한 정상화가 진행되기를 기대한다.

cinema **2**

딥워터 호라이즌
Deepwater Horizon, 2016
욕심으로 병드는 지구

감독 피터 버그(Peter Berg)
각본 매튜 마이클 카나한(Matthew Michael Carnahan)
튜 샌드(Matthew Sand)
데이비드 바스토우(David Barstow)
출연 마크 윌버그(Mark Wahlberg)
커트 러셀(Kurt Russell)
더들라스 그리핀(Douglas M. Griffin)

돈이냐 환경이냐

감독과 배우가 유난히 마음이 잘 맞아 좋은 영화를 만드는 경우가 있는데 감독 피터 버그(Peter Berg)와 배우 마크 윌버그(Mark Wahlberg)가 그런 경우다. 두 사람은 론 서바이버(Lone Survivor, 2013), 패트리어츠 데이(Patriot's Day, 2016) 그리고 이 영화 〈딥 워터 호라이즌(Deepwater Horizon, 2016)〉에서 좋은 호흡을 보여주었다.

2010년 4월 20일 미국 루이지애나주 해안으로부터 약 60km 떨어진 거리에 있는 브리티쉬 페트롤리움(BP, British Petroleum, 세계에서 두 번째 규모 다국적 정유 회사) 소유 유정(油井)에서 발생한 화재와 대규모 원유 유출 사고를 다루고 있는 영화다. 〈딥 워터 호라이즌(Deepwater Horizon)〉은 바다에 시추한 유정의 이름이며 깊은 바다에서 원유를 끌어올리고 있다(바다 깊이 약 1,600 미터). 워낙 유정의 압력이 강해서 기름이 유출되지 않도록 하는 것이 가장 중요한 일이다.

미국은 바다를 포함한 자국 영토에 엄청난 양의 원유가 매장되어 있다. 그러나 환경 보호와 미래 후손에게 원유를 남겨준다는 명목하에 원유를 거의 수입에 의존하고 있었다. 하지만 유가가 워낙 변동이 심하고 주 공급원인 중동의 정치 상황이 불안하기 때문에 안정된 원유 공급처 등을 확보하기 위해 심해 석유 시추 사업을 허가하기 시작했다.

미국 사람에게는 1989년 3월 24일 알래스카에서 발생한 엑슨 사(Exxon) 소속 엑슨 발데즈(Exxon Valdez)호의 원유 유출 사고의 기억이 생생하다. 사람이 살지 않던 청정 환경 지역인 프린스 윌리암 사운드(Prince William Sound)에 엑슨 발데즈호가 좌초되어 1백만 리터의 엄청난 양의 원유가 유출되었다. 이로 인해 바다와 해안이 오염되고 야생동물들이 원유를 뒤집어쓰고 죽어가던 모습이 TV에 반영되어 많은 미국 사람들에게 큰 충격을 안겼다. 석유를 에너지원으로 사용하는 한 언제나 이런 일이 발생할 수 있다는 두려움이 사람들 마음에 자리 잡았다.

참으로 편리한 기억

그러나 사람들은 아픈 기억을 편리하게 잊는다. 다시는 이런 일이 일어나지 않으리라는 기대와 나에게는 이런 일이 생기지 않을 것이라는 믿음 속에 살아간다. 또 수많은 사고가 그러하듯 딥워터 호라이즌(Deepwater Hoizon)의 화재와 원유 유출은 자본주의가 심어놓은 탐욕의 덫 때문에 일어났다.

영화에서 당초 예정보다 유정에서 원유 시추가 몇 달 늦어지자 BP사는 시공사에게 원유 시추를 시작하라고 재촉한다. 꼭 해야 하는 안전 체크 및 테스트도 대충하고 지나가도록 종용한다. 시공사 감독인 지미(Jimmy)와 BP사 현장 책임자 비드린(Vidrine)은 안전 테스트 시행 문제로 충돌한다.

Jimmy Harrell: The pressure test costs about what, a hundred and fifteen thousand? BP is a 180 billion dollar company, and you say you can't afford···

Vidrine: That is why we are a 186 billion dollar company, because we worry about all those bills.

Jimmy Harrell: I worry about my rig! My people live on it. You just rent it!

▶ ▶ ⅠⅠ

지미: 압력 테스트를 시행하려면 비용이 15만 불 정도 들어요. BP는 총자산이 1,800억 달러 되는 큰 회사인데 테스트할 돈이 없다는 것이 말이 되나요?

비드린: 그렇게 돈을 아끼니 우리가 1,860억 달러짜리 회사가 된 거요.

지미: 나는 이 유추 시설을 책임지고 있다고요. 내 직원들이 여기서 일하고 있어요. 당신들은 시설을 임대한 것이고요.

심해 탐사에는 원유가 분출되지 않도록 막아주는 장치가 필수적인데

BP는 이 중요한 압력 장치의 마지막 테스트를 거르고 시추를 종용했다. 결과는 끔찍했다. 시추 전에 압력을 이기지 못해 원유가 대규모로 유출되어 화재가 발생하여 11명이 사망하고 시설은 전소되었다. 5개월간 7억 리터의 원유가 유출되었다. 7억 리터는 1리터 들어가는 생수통을 7억 병을 채울 양이고 올림픽 경기를 치르는 수영 경기장 280개를 가득 채울 양이다. 이 유출된 원유는 해양과 인간에게 큰 피해를 주었고 지금도 피해는 진행 중이다. 유정의 위치가 해변가에서 60킬로미터 이상 떨어져 있다 보니 구조대나 화재 진압 헬리콥터들이 도착하기도 전에 화재가 너무 크게 번져 희생자가 더 많이 생겼다.

불확실성은 탐욕을 먹고 자란다

지상에서도 건물이 계속 높이 올라가면 화재 등 비상 상황이 발생할 때 대처가 어려운 것처럼 바다에서도 해변에서 거리가 멀면 사고가 났을 때 대처가 어려울 수밖에 없다. 아무리 안전을 생각하고 챙긴다고 해도 외부의 조건이 어려워지면 생각지도 못하는 돌발 변수가 많이 생기는 법이다. 현대인들은 과학과 기술이 발달하면 미래를 예측할 수 있는 능력도 커진다고 착각하고 있다. 그러나 블랙스완(Back Swan)의 작가 나심 탈렙(Nassim Taleb)에 따르면 세상은 우리가 절대로 예상하거나 미리 생각하지 못하는 불확실성(uncertainty)과 불예측성(unpredictability)으로 가득차 있다.

딥호라이즌 같은 사고는 정말 불행한 사고이지만 불확실성이 가득한 환경에서 이토록 큰 위험이 내재된 일을 벌리면 언젠가는 사고 날 확률이 높아지는 것이다. 유전 공학으로 공룡들을 부활시켜 가두어놓고 동물원처럼 만든다는 아이디어를 그린 마이클 크라이튼(Michael Cricton)의 명작 주라기 공원(Jurassic Park)에서도 비슷한 상황이 연출된다.

소설에서 수학자인 말콤(Malcom)은 카오스 이론(Chaos theory)에 근거해서 아무리 설계를 잘하고 돈을 많이 들여 감시한다고 해도 공룡들을 도망치지 못하게 가두어놓는 것은 불가능하다는 점을 강조했다. 말콤에 따르면 시스템이 복잡해지면 아주 조그만 변화도 규모가 엄청나고 예측 불가능한 결과를 초래할 수밖에 없다는 점이다. 사람들의 탐욕이 이런 위험이 있다는 확률을 무시하고 나에게는 이런 일이 일어나지 않을 것이라고 믿을 뿐이다.

사건이 발생한 지 5개월 만에 유정을 막아 대형 유출을 막았다. 문제는 지금도 이 시설에서 계속 조금씩 원유가 유출된다는 점이다. 워낙 깊은 바닷속이어서 현재 인간의 기술로는 완벽하게 막을 방법은 없다고 한다. 그냥 잊고 있을 뿐이다. 사건 후에 미국 법원도 이 유출의 책임은 BP사에 있다고 최종 선고했고, BP사에서는 루이지애나 어민들과 관광 산업에 종사하는 사람들에게도 보상금을 지급했다. 하지만 자연에 계속 발생해 우리 후손들에게 물려줄 수밖에 없는 피해는 누가 책임지고 누가 보상할 것인가.

비슷한 예로 2011년에 발생한 일본 후쿠시마 원전 사고도 원인이 되는 원자로 자체는 해체하지도 못하고 방치되어 있으며 방사능 오염수는 계속 쌓여간다. 일본 정부는 이를 인근 바다에 방류할 계획을 발표한다. 우리나라 옆에 있으니 우리도 큰 피해를 볼 것은 확실하다. 문제는 이 계획에 동조하는 우리나라 정치인들이 있다는 점이다. 정말 인간의 아둔함과 탐욕은 이해 불가다.

유브 갓 메일
You've got mail, 1998
변화를 받아들일 것인가, 내가 변할 것인가

감독   노라 에프론(Nora Ephron)
각본   미크로스 라스즐로(Miklós László)
         노라 에프론(Nora Ephron)
         델리아 에프론 Delia Ephron
출연   톰 행크스(Tom Hanks)
         멕 라이언(Meg Ryan)

변화는 삶의 일부

이 세상에 태어난 이상 변화는 우리가 겪어야 할 삶의 일부다. 지나간 일에 대한 향수(nostalgia)도 당연히 있을 수 있고 과거의 일에 대해 '그랬어야 했는데', '그렇게 할 수 있었는데(should have, could have)' 할 수도 있다. 하지만 시간은 쉬지 않고 흘러가고 엔트로피(entropy)는 쌓이고 지구와 이 우주가 언젠가는 없어지거나 다른 형태가 될 것이다. 언제 이 우주가 시작되었는지는 알 수 없으나 시작과 동시에 우주는 언젠가는 없어질 운명을 부여받고 지금도 변화하고 있다. 우리가 사는 이 우주와 이것을 움직이는 힘에 대해 우리는 아는 것이 별로 없다. 정직한 과학자라면 이렇게 말해야 한다. 그러나 모두가 확실하게 동의하는 사실은 지금도 엔트로피는 계속 쌓이고 있고 결국 모든 것은 종말에 이른다는 점이다.

문명과 기술의 발전에 대해 거부감을 느끼는 사람들이 있지만, 현재에 태어난 우리는 현재의 문명이 주는 혜택을 즐기면서 부작용은 최소화하도록 노력하면 될 일이다. 이 영화의 주인공인 캐서린(Kathleen)의 남자 친구인 프랭크(Frank)도 곧잘 러다이트(Luddite) 운동(2차 산업혁명 후 일어났던 기계 파괴 등 극단적 문명 거부 움직임)을 들먹이며 기술에 대한 거부감을 보인다. 아침 출근길 대화다.

Frank Navasky: Name me one thing, *one*, that we've gained from technology.
Kathleen Kelly: Electricity.
Frank Navasky: That's one.

프랭크: 기술에서 우리가 받은 혜택을 하나라도 말해봐.
캐서린: 전기.
프랭크: 그건 말이 되네.

전기를 빼고 현대 문명을 어떻게 이야기할 수 있을까. 전기가 없는 우리의 삶을 상상이나 할 수 있을까. 전기를 아직 발명하기 전과 그 이후의 삶의 차이를 생각해 보자. 컴퓨터 대신 타자기를 쓴다고 기술이 없어지는 것도 아니고 예전의 삶으로 돌아갈 수 있는 것도 아니다. 기술이 우리의 삶을 한번 바꾸어놓으면 그대로 따라가야 한다. 이 영화가 제작된 1998년은 인터넷이 폭발적으로 성장하기 시작하던 시점이었다. 인터넷 없는 삶을 살 자신이 있는 사람은 아무도 없다. 한번 해보고 싶으면 일주일만 인터넷 없이 살아보기 바란다.

변화를 받아드려야 하나

캐서린은 어머니에게서 조그만 아동 도서 전문점을 물려받아 운영한다. 책 읽기의 중요성은 아무리 강조해도 지나치지 않지만, 다음 대사를 보면 특히 그 중요성을 깨닫게 된다. 모두가 변화해도 변화하지 않는 진리가 있다면, 좋은 책을 많이 읽어 과거 선지자와 학자들의 지혜를 내 것으로 만들어야 한다는 것이다. 책 속에는 세상의 변화와 불확실성을 예측하고 극복할 지혜가 들어 있다. 특히 어린 시절에 읽은 책이 더 큰 영향을 준다.

Kathleen Kelly: When you read a book as a child, it becomes a part of your identity in a way that no other reading in your whole life does.

▶️▶️⏸️

캐서린: 어려서 읽은 책은 아이의 일부분이 되고 인생의 어떤 다른 시기에 읽은 책보다 중요해요.

변화의 방향, 변화의 목적

조 폭스(Joe Fox)는 대형 할인 서점(Fox Book Store) 후계자다. 폭스 서점이 동네에 들어서자 캐서린의 작은 서점은 문을 닫을 수밖에 없다. 조의 서점 때문에 그런 것인지도 모르고 조에게 위로를 구하는 메일을 보낸다. 사실 이때까지는 캐서린 조는 이메일을 교환하면서도 서로 누구인지 모른다.

Kathleen Kelly: (writing to "NY152") People are always telling you that change is a good thing. But all they're really saying is that something you didn't want to happen at all… has happened. My store is closing this week. I own a store, did I ever tell you that? It's a lovely store, and in a week it will be something really depressing, like a Baby Gap. Soon, it'll just be a memory. In fact, someone, some foolish person, will probably think it's a tribute to this city, the way it keeps changing on you, the way you can never count on it, or something. I know because that's the sort of thing I'm always saying. But the truth is… I'm heartbroken. I feel as if a part of me has died, and my mother has died all over again, and no one can ever make it right.

▶ ▶ ❚❚

캐서린: 사람들은 항상 변화는 유익하다고 말하지요. 그러나 그들이 이야기하는 것은 정말로 일어나기를 원하지 않았던 일일 것이고, 그 일이 정말로 생기면 어쩌지요? 이번 주에 서점 문을 닫아요. 서점을 운영하고 있다고 이야기했던가요? 정말 사랑스러운 서점이지요. 하지만 일주일만 지나면, 한때는 귀여워도 조금만 시간이 지나면 입히지 못하는 아기 옷들처럼 슬퍼질 거예요. 옛 추억에 지나지 않으니까요. 어떤 멍청한 사람은 서점이 이 도시에 발자국을 남겼다고 말할 수도 있겠지요. 하지만 세상은 끝없이 변해요. 도저히 예측이 안 되지요. 사실 이런 일이 닥치기 전까지는 아무렇지도 않게 이런 이야기를 하고 했거든요. 하지만 솔직하게 말하면 가슴이 너무 아파요. 내 일부가 없어진 것 같고요, 어머니가 물려주신 것인데 어머니가 다시 돌아가신 것 같기도 하고, 이제 다시 돌이킬 수가 없네요.

시간은 불가역(irreversible)하게 흘러간다. 다시 돌아오지 않는다. 그리스 철학자 헤라클리토스(Heraclitus)도 말했다.

No man ever steps in the same river twice, for it's not the same river and he's not the same man.

▶ ▶ ⅠⅠ

물이 계속 흐르고, 사람도 시간이 지나면 조금이라도 변하니까 아무도 같은 물에 똑같이 발을 디딜 수 없다.

변화는 한 방향이다. 앞으로 어떤 세상이 올까. 우리가 사는 동안 어떻게 살아야 할까. 물론 최선을 다해 살아야 하겠지만 살면서 우리 뒤에 올 후손들에게 어떤 세상을 물려주기 위해 노력해야 할까.

영화로 **보는** 세상
영어교수 추천영화 40편

빅 쇼트

The Big short, 2015
돈은 돌고 돌지 않는다

감독 애덤 맥케이(Adam McKay)
각본 애덤 맥케이(Adam McKay)
주연 크리스천 베일(Christian Bale)
  스티브 카렐(Steve Carell)
  라이언 고슬링(Ryan Gosling)

거품은 언젠가는 터진다

제88회 아카데미 시상식(2016) 5개 부문 후보, 각색상을 수상했다.

이 영화는 한화로 약 1천억 달러(약 120조 원)의 금융 손실이 발생되고 수천만 사람들이 일자리와 집을 잃은 2008년 미국 비우량 주택대출(Sub-Prime Mortgage)로 야기된 경제 위기를 배경으로 하고 있다.

1930년대 주식 대폭락으로 인한 미국 경제 대공황 이후 최악의 경제 위기이며 이로 인해 전 세계 경제가 엄청난 타격을 입었고 아직 그 충격에서 완전히 회복되었다고 보기 어렵다.

대부분 미국인은 집을 구매할 때 원금의 10~20% 정도 일부 원금만 내고(down payment), 나머지 원금은 20~30년 장기간 이자와 함께 갚아나가는 주택담보 대출(Mortgage Loan)을 이용한다.

2006년 금융 위기가 시작되기 전 몇 년간 집값이 계속 오르자, 사람들은 집에 투기하고 은행들은 일부 원금 없이도 주택담보 대출을 해주고 이로 인해 증권회사 등 큰 금융사들은 엄청난 양의 투자 파생상품을 만들어 다시 사람들에게 팔며 거대한 이득을 취한다. 문제는 집값이 미친 듯 오르다 보니 신용이 낮은 사람들에게도 이율은 높지만 대출이 가능하고, 대부분 변동 금리인 소위 비우량 대출(Sub-Prime Mortgage)을 내주기 시작하면서 시장이 왜곡되고 거품이 커지기 시작한다.

결국, 거품이 터지고 집값이 폭락하기 시작하면서 금융회사의 파생상품의 가치도 떨어지고 금융회사에서 돈을 빌린 은행에도 연속해서 금융위기가 발생한다. 세계 최대 금융회사인 리만 브라더스(Lehman Brothers) 등 수많은 금융사가 문을 닫고 수많은 사람은 집과 직장을 잃고 거리로 내몰린다.

통제 되지 않은 욕심은 재앙을 불러온다

1637년에 네델란드에서 발생한 튤립 투기(speculation) 사건은 자본주의의 약점과 사람들의 욕망이 통제되지 않고 함께 엉기면 얼마나 엄청난 재앙이 닥치는지를 보여주는 사건이다. 네델란드 특산품인 튤립이 유럽에서 인기를 끌면서 가격이 상승하자 사람들은 튤립 구근을 사모으기 시작하고 가격은 천정부지로 오르기 시작했다. 많은 사람과 기관이 경쟁적으로 튤립 구근을 사모으자 일 년생인 구군의 내년 출하분까지 사모으기 시작했다. 사람들은 전 재산을 팔고 빚을 얻어서까지 튤립에 투자했다. 오르기만 하던 구근 가격이 어느 날 떨어지기 시작하고 폭락에 폭락을 거듭해 수많은 사람이 전 재산을 잃는 일이 발생했다. 역사에서 이런 일을 경험했으면 다시는 이러한 멍청한 묻지마 투자는 하진 않을 것 같지만, 부풀어 오르기 좋아하는 자본주의의 근본적 약점과 사람들의 욕망이 결합해 이런 종류의 일은 계속 일어난다.

이 영화에서는 몇 명의 펀드 매니저(Fund Manager)들이 시장의 흐름을 읽어서 금융 위기 전에 모기지 시장이 폭락할 거라는 것에 돈을 걸어 (공매도 short buy), 금융시장과는 달리 엄청난 돈을 번다.

영화에서 시장이 폭락한다는 예상에 투자한 한 펀드 매니저는 돈을 벌 희망에 부푼 동료들에게 다음과 같이 쏘아붙인다.

Ben Rickert: If we're right, people lose homes. People lose jobs. People lose retirement savings, people lose pensions. You know what I hate about fucking banking? It reduces people to numbers. Here's a number - every 1% unemployment goes up, 40,000 people die, did you know that?

▶ ▶ ⏸

벤 리커트: 우리가 맞는다면 사람들은 집을 잃을 거야. 직업도 날아가고. 은퇴 자금과 저축, 연금도 사라져. 이 모든 돈놀이에서 내가 정말 싫어하는 게 뭔지 알아? 사람들이 숫자에 묻혀버리게 되는 거야. 여기에 무서운 숫자가 있어. 실업률이 1% 올라가면 4만 명이 죽는다는 거야.

아무도 책임지지 않는다

이토록 엄청난 일이 금융기관의 탐욕과 통제 기관의 무능으로 발생했지만 아무 일도 없는 듯이 다시 세상은 돌아가고 있다. 영화에서 해설자가 한 말이다.

In the years that followed, hundreds of bankers and rating-agency executives went to jail. The SEC was completely overhauled, and Congress had no choice but to break up the big banks and regulate the mortgage and derivative industries. Just kidding! Banks took the money the American people gave them, and used it to pay themselves huge bonuses, and lobby the Congress to kill big reform. And then they blamed immigrants and poor people, and this time even teachers! And when all was said and done, only one single banker went to jail this poor schmuck!

이 일이 일어난 후에 수백 명의 금융기관 종사자들과 신용평가 기관 직원들이 감옥에 갔지. 미국 금융감독원은 쇄신을 통해 새롭게 태어났고, 의회는 어쩔 수 없이 대형 금융기관을 퇴출시키고 모기지 론과 파생상품들을 규제하기 시작했어. 농담이야! 금융기관들은 고객들이 맡긴 돈을 가져가서 엄청난 보너스 파티를 했고, 의회에는 로비를 통해 자신들에 대한 규제를 중지시켰어. 그리고는 이 일에 대한 책임은 이민자와 가난한 사람들에게 있다고 비난했지. 아 참 교사들도 책임이 있다고 했네. 그리고 모든 사태가 끝나고 난 후 감옥에 간 금융기관 종사원은 단 한 명밖에 없어! 더럽게 불쌍한 놈이지.

이 사건에서 교훈을 얻었기 때문에 다시는 이런 일이 일어나지 않을까? 아니다. 시간이 문제이지 일은 또 생길 것이다. 한국의 부동산 시장을 보아도 잘 알 수 있다. 사람들의 욕망과 몇 투기 세력들이 얼마나 부동산 시장의 거품을 키우고 있는지 잘 알고 있다. 제발 거품이 부드럽게 터지기를 바랄 뿐이다. 자본주의는 완벽하지 않다. 집단 욕망에 취약하고 결과를 책임지지 않는다. 자본주의의 속성을 잘 알아야 거품이 생기고 터지고 하는 멍청한 실수를 다시 되풀이하지 않을 것이다.

영화로 **보는 세상**
영어교수 추천영화 40편

빠삐용
Papillon, 1973
시간을 낭비한 죄

감독 프랭크 샤프너(Franklin J. Schaffner)
각본 달톤 트럼보(Dalton Trumbo)
출연 스티브 매퀸(Steve McQueen)
더스틴 호프만(Dustin Hoffman)

포기하지 않는다

1973년 작, 1,400만 달러라는 당시로는 엄청난 제작비가 들었던 영화로 5,326만 달러 흥행을 거둬들이며 흥행에 성공했다. 빠삐용은 불어로 '나비'라는 뜻이고 주인공의 가슴에 새겨진 나비 문신에서 이름이 유래한다.

프랑스 소설가이자 영화배우인 앙리 샤리에르(Henri Antonin Charrière, 1906~1973)가 쓴 원작소설 빠삐용(Papillon)을 기반으로 만든 영화다. 억울한 살인 누명을 쓴 샤리에르는 1931년 프랑스가 정치범과 중죄인을 수용하기 위해 만든 중남미 프랑스 식민지 기아나(France Guiana)의 악명높은 악마 섬 감옥에 투옥된다. 그리고 10년에 걸친 시도 끝에 탈출에 성공하고 베네수엘라(Venezuela)에 도착하여 자유를 되찾는다. 1969년에는 자서전 〈빠삐용〉을 써서 프랑스에서 150만 부가 팔린 베스트셀러가 된다. 영화 제작에 조언하기도 했으며 영화가 완성되기 전인 1973년, 스페인 마드리드(Madrid)에서 암으로 사망했다.

영화는 끝없이 탈출을 시도하다 잡혀 점점 더 심한 벌을 받으면서도 결코 포기하지 않는 빠삐용(스티브 맥퀸)과 그의 친구 위조 지폐범 드가(더스틴 호프먼)의 이야기다. 한 시대를 빛낸 두 배우의 멋진 연기를 보는 것만으로도 영화는 충분히 가치가 있다.

탈옥을 시도할수록 형량은 늘어나고 대우도 점점 혹독해진다. 독방에서 영양실조와 신경 쇠약에 시달리던 빠삐용은 재판받는 꿈을 꾼다. 재판관들 앞에서 자신의 무죄를 주장한다. 재판관은 선언한다.

Judge in Dream: I accuse you… of a wasted life!
Papillon: Guilty… guilty… guilty…

▶ ▶ ❙❙

재판관: (꿈에서) 피고는 인생을 낭비한 죄로 유죄다.
빠삐용: 맞아 유죄가 맞아…

저지르지 않은 범죄 때문에 감옥에 온 것은 맞지만, 젊은 시절 인생을 낭비하고 산 일에 대한 회한이 절절히 배어 있는 명장면이다.

모든 일에는 다 때가 있다

시간의 중요성과 시간 관리의 필요에 대해 깊이 느끼고 생각하는 사람이라면, 꼭 전해주고 싶은 성경 구절이 있다. 기독교인이 아니더라도 도움을 얻을 수 있는 글이라고 생각된다. 이글은 지혜의 상징 솔로몬 왕이 원저자라고 알려진 구약 전도서(Ecclesiastes)의 구절이다.

1. There is a time for everything, and a season for every activity under heaven:

2. a time to be born and a time to die, a time to plant and a time to uproot,

3. a time to kill and a time to heal, a time to tear down and a time to build,

4. a time to weep and a time to laugh, a time to mourn and a time to dance,

5. a time to scatter stones and a time to gather them, a time to embrace and a time to refrain,

6. a time to search and a time to give up, a time to keep and a time to throw away,

7. a time to tear and a time to mend, a time to be silent and a time to speak,

8. a time to love and a time to hate, a time for war and a time for peace.

(Ecclesiastes 3:1-8)

▶ ▶ ⅠⅠ

모든 일에는 다 때가 있다.

세상에서 일어나는 일마다 알맞은 때가 있다.

태어날 때가 있고, 죽을 때가 있다.

심을 때가 있고, 뽑을 때가 있다.

죽일 때가 있고, 살릴 때가 있다.

허물 때가 있고, 세울 때가 있다.

통곡할 때가 있고, 기뻐 춤출 때가 있다.

돌을 흩어버릴 때가 있고,

모아들일 때가 있다.

껴안을 때가 있고,

껴안는 것을 삼갈 때가 있다.

찾아 나설 때가 있고, 포기할 때가 있다.

간직할 때가 있고, 버릴 때가 있다.

찢을 때가 있고, 말할 때가 있다.

사랑할 때가 있고, 미워할 때가 있다.

전쟁을 치를 때가 있고, 평화를 누릴 때가 있다.

(전도서 3:1-8)

나, 아직 살아 있다!

사람만이 시간을 의식하고 할 일을 생각하면서 지낸다. 우리가 알고 있듯이 시간은 유한하다. 한정 없이 쓸 수 없는 자원인 시간을 최대한 효율적으로 활용하기 위해서 가장 중요한 일은 장단기 목표를 확실히 정하는 일이고 우선순위를 적절히 정해야 한다. 시간 관리 전문가인 유성은 박사의 저서인 시간 관리와 자아실현 II(2002, p. 277~278)에서 설명한 우선순위 선정에 관한 원칙을 소개한다.

1. 깊이 생각하고 결정한다.
2. 항상 80/20의 규칙을 활용한다. 중요한 사항을 중심으로 일한다.
3. 아무리 바빠도 기본 업무를 소홀히 하지 않는다.
4. 올바로 결정한다. 여러 가지 대안을 두 가지로 압축한다. 그중 한 가지를 택한다. 이익이 없으면 아무것도 결정하지 않는다. 무결정도 좋은 결정이 될 수 있다.
5. 초지일관한다. 의지력을 가지고 시작했던 일을 완성해야 한다.

빠삐용도 시간이 많이 걸리기는 했지만, 자유인이 되겠다는 우선순위를 위해서 온갖 수단을 강구하고 초인적 의지력을 발휘해 탈출에 성공한다.

마지막, 절벽에서 바다로 뛰어내려 자신이 만든 작은 야자 열매를 엮어서 만든 배 위에서 빠삐용은 소리친다.

You bastards, I'm still here!

이놈들아, 나 아직 살아있다!

영화로 **보는** 세상
영어교수 추천영화 40편

cinema **6**

사랑에 대한 모든 것
The Theory of Everything, 2014
천재라고 다 알까

감독 제임스 마쉬(James Marsh)
각본 앤서니 매카 튼(Anthony McCarten)
출연 에디 레드메인(Eddie Redmayne,
2014 오스카 남우주연상)
펠리시티 존스(Felicity Jones)

호킹의 시간, 호킹의 우주

2009년 영화 〈맨 온 와이어(Man on Wire)〉로 아카데미 장편 다큐멘터리상을 받은 제임스 마쉬(James Marsh)가 연출하고, 에디 레드메인(Eddie Redmayne, 2014 오스카 남우주연상)이 주연을 맡았다. 운동 뉴런 질환(뇌에서 시작하지만, 뇌를 제외한 몸의 모든 근육이 마비되는 난치병으로 루게릭병으로도 불린다)으로 온몸의 기능을 잃고 숨 쉬는 일조차 기계에 의지해서 살지만, 블랙홀의 존재를 밝히는 등 큰 업적을 남긴 천재 이론 물리학자 스티븐 호킹(Stephen William Hawking, 1942~2018)과 1965~1995년까지 30여 년간 부부관계였던 전 아내인 제인 와일드 호킹(Jane Wilde Hawking)의 이야기다.

부인 제인과는 대학 시절에 만나 호킹의 병이 점점 깊어지고 몸이 마비되어 가는 상황에서도 서로를 아끼고 자녀들도 키우며 살아가지만 결국 30년의 결혼 생활 후 헤어진다.

뉴턴의 고전 물리학과는 달리, 현대 물리학에서는 중력을 시공간에 작용하는 힘으로 이해한다. 블랙홀은 중력이 너무 강해 빛과 시간도 탈출하지 못하는 우주상에 실제로 존재하는 공간으로, 2019년도에 MIT 대학원생에 의해 실제로 촬영되었다.

영화에서 호킹은 제인에게 자신이 시간의 속성에 관한 책을 쓸 것이라고 이야기한다.

Stephen Hawking: I will write a book.
Jane Hawking: About what?
Stephen Hawking: Time.
Jane Hawking: Time?
Stephen Hawking: What is the nature of time? Will it ever come to an end? Can we go back in time? Someday these answers may seem as obvious to us as the Earth orbiting the sun, or perhaps as ridiculous as a tower of tortoises. Only time, that's what we say.

▶ ▶ ⏸

호킹: 책 한 권 쓰려고.
제인: 무슨 책?
호킹: 시간에 관한 책.
제인: 시간?
호킹: 시간은 과연 무엇일까? 언젠가는 끝나는 것일까? 시간을 되돌

아갈 수 있을까? 언제가 이런 질문에 대한 대답들이 지구가 태양 주위를 도는 것처럼 하나 마나 한 이야기일 수도 있고, 지구는 거북이 위에 거북이가 올라서 있다는 옛날 믿음처럼 엉터리 같은 생각일 수도 있겠지. 그냥 시간일 뿐이라고 말하게 되지 않을까.

절대로 간단하지 않은 시간의 역사

호킹의 명저 〈시간의 역사(A Brief History of Time)〉는 전 세계적으로 천만 부 이상이 팔린 슈퍼 베스트 셀러다. 제목에는 분명히 '간단한(brief)'이라는 말이 들어가지만 내용은 전혀 간단하지 않다. 물리학에 대한 이해와 기초 지식이 없으면 책의 내용에 대한 이해가 쉽지 않다. 시간이 어떻게 시작되었으며 어떻게 전개되고 있는지 이해를 시도하는 일은 정말 궁금하지만, 이는 전문가의 영역이라고 미루곤 한다. 현대 과학이 시간의 시작(우주의 시작)에 대해 알고 있는 유일한 사실은 현재의 이 광대한 우주가 핀 머리보다 작은 공간에 갇혀 있다가 어느 순간 대폭발해서 지금도 계속 팽창하고 있다는 것이다. 이는 모든 과학자가 동의하는 사실이지만 이 말도 되지 않는 일을 어떻게 순순히 받아들일 수 있을까.

호킹이 그리워한 시간은 언제였을까. 호킹은 병에 걸리기 전 대학교에서 조정 선수로도 활약하는 등 스포츠맨이었다. 호킹은 '시간의 시작'이라는 누구도 하지 못했던 심오한 주제에 관해 연구했지만, 그가 정말로 원했던 것은 젊고 희망찬 운동 잘하는 20대 초의 자신의 모습이었을 것이다.

호킹 박사가 제인을 만나 얼마 되지 않았을 때 둘은 다음과 같은 대화를 나눈다.

Jane Hawking: So, I take it you've never been to church?
Stephen Hawking: Once upon a time.
Jane Hawking: Tempted to convert?
Stephen Hawking: I have a slight problem with the celestial dictatorship premise.

▶ ▶ ⏸

제인: 그러니까 교회는 가본 적이 없네?
호킹: 옛날에 가본 적은 있어.
제인: 크리스천이 되고 싶은 생각은 없고?
호킹: 누군가 전 우주를 혼자서 주관하고 있다는 점이 납득되지 않아.

두 사람이 30년의 결혼 생활을 계속하지 못한 이유 중에 독실한 성공회(Anglican Church) 신자인 제인과 호킹 박사 간의 종교적 갈등도 한몫했다는 이야기도 있다.

의심하고 또 의심하고

과학의 다른 말은 '정확함'이 아니고 '의심함'이라고 한다. 현상을 항상 의심하고 해답을 구하려 애쓰는 과학자들은 신앙을 함께 안고서 갈 수 없는 것일까. 그렇지는 않은 것 같다. 뉴욕타임즈(1997년 6월 8일자)의 자료를 보면 전 세계 과학자들의 40% 정도는 종교를 가지고 있다.

그리고 우리가 사는 지구만 생각해 보아도 전 우주를 통제하는 힘 중에서 중력이 지금보다 아주 조금이라도 세거나 약하면 우리는 존재할 수 없다는 점을 우리는 분명히 알고 있다. 이런 일이 우연히 생겨날 수 있다고 믿는 일이 과연 과학적인지 여러 생각이 든다.

호킹 박사가 제인과 함께 같은 믿음을 공유하면서 여생을 함께했으면 참 아름다웠을 것 같다는 안타까움이 남는다. 그래도 살아 있음이 얼마나 감사한 일인지 강조하면서 영화에 계속 나오는 말이 있다.

While there is life, there is hope.

삶이 있다면 희망도 있다.

영화로 보는 세상
영어교수 추천영화 40편

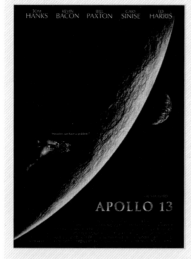

아폴로 13호
Apollo 13, 1995
지도자가 필요해

감독 론 하워드(Ron Howard)

원작가 짐 러벨(Jim Lovell, 아폴로 13호의 기장)

출연 톰 행크스(Tom Hanks)
빌 팩스톤(Bill Paxton)
케빈 베이컨(Kevin Bacon)
에드 해리스(Ed Harris)

왜 달에 가려고 하나요

1995년에 제작된 이 영화는 1970년 4월 11일부터 4월 17일까지 아폴로 13호의 실제 사건을 배경으로 하고 있다. 50년대 한국전쟁이 끝난 이후 미국과 소련은 정치와 군사, 과학 분야에서 치열한 경쟁을 벌였다. 미국은 자본주의 경제 체제와 민주주의가 인류의 창의력과 문명을 발달시키는 원동력임을 보여주고 싶었고, 1917년 러시아 혁명으로 태어난 소비에트 연방 공화국(소련, USSR)은 공산주의 경제 체제와 중앙 통제 정치체제가 인류의 희망임을 과시하고 싶었다.

양국은 핵무기를 경쟁적으로 만들었고, 쿠바 핵 위기(1962, 소련이 미국 바로 아래 쿠바에 핵미사일 설치 시도)를 아슬아슬하게 넘겼다. 1961년 소련의 유리 가

가린(Yuri Gagarin)이 인류 최초로 지구 궤도를 도는 우주 비행을 하자, 위기감을 느낀 미국은 1970년이 되기 전 10년 안에 달에 사람을 보낸다는 당시 과학 수준으로는 말도 되지 않는 '황당한' 계획을 발표한다. 1962년 9월 12일 케네디 대통령은 텍사스 라이스대학(Rice University)에서 "우리는 달에 갈 겁니다(We choose to go the moon)."라는 명연설을 한다. 하지만 케네디 대통령은 1963년 암살당해 1969년 아폴로 11호의 달 착륙은 목격하지 못한다. 다음은 케네디 대통령의 1962년도 라이스 대학 연설의 일부다.

But why some say the moon? Why choose this as our goal? And they may well ask, why climb the highest mountain? Why 35 years ago fly the Atlantic? We choose to go to the moon. We chose to go to the moon. We choose to go to the moon in this decade and do the other things not because they are easy, but because they are hard. Because that goal will serve to organize and measure the best of our energies and skills, because that challenge is one that we're willing to accept. One we are unwilling to postpone. And therefore, as we set sail, we ask God's blessing on the most hazardous and dangerous and greatest adventure that man has ever gone.

▶ ▶ ❚❚

어떤 이는 왜 우리가 하필 달에 가야 하냐고 물어볼 수도 있을 것입니다. 왜 달에 가는 일을 우리의 목표로 삼았냐고 할 수도 있을 것입니다. 이런 질문은 왜 가장 높은 산에 오르냐고 질문하는 사람들의 질문과 같은 종류의 질문입니다. 이런 질문을 하는 사람들은 그렇다면 왜 35년 전에 비행기를 타고 대서양을 횡단했냐고 물어볼 수도 있을 것입니다. 우리는 달에 가기로 선택한 것입니다. 우리는 달에 갈 겁니다. 우리는 60년대가 끝나기 전에 달에 가기로 했고, 다른 일도 하기로 했습니다. 그 일들이 쉬워서가 아니고 어렵기 때문입니다. 이런 목표를 통해서 우리의 열정과 기술을 극대화하고 무엇을 할 수 있는지 파악할 것입니다. 이 도전은 우리가 기꺼이 선택한 일이고 미루려 하지 않는 일입니다. 그러므로 이제 시작합니다. 인간이 이제까지 시도한 가장 위험하고 위대한 여정에 하나님의 축복이 있기를 기도합니다.

무슨 일에도 처음은 있다

결국, 미국은 10년의 준비 기간을 거쳐, 여러 희생을 치른 후에 1969년 7월 20일 아폴로 11호를 달에 보냈고 소련은 보내지 못했다. 그후 아폴로 12호를 거쳐 13호가 계획되어 1970년 4월 11일 발사되었다. 달에 가던 중간에 산소탱크 폭발 등의 사고로 달에 착륙하지 못하고 지구로 겨우 귀환한다. 워낙 사고가 심각하고 우주선이 달에 거의 다가간 상태였다. 우주에서, 사람을 구할 방법이 없는 상황에서 승무원 전원이 무사 생환한다. 우주 탐사 역사에서 최초 사례다.

지상의 비행 통제관(Flight Director)인 진 크란츠(Gene Kranz)를 비롯하여 케네디 우주센터(우주 비행을 계획하고 지휘하는 본부의 이름은 케네디 대통령을 기념하여 만들었다)의 전 요원은 불가능해 보이는 상황에서 세 명의 우주 비행사를 무사 귀환시키기 위해 밤낮없이 전심전력을 다한다. 인간의 창의력과 위기관리 능력을 얼마나 발휘할 수 있는지 보여준다.

우리에게는 리더가 있다

리더의 진가는 위기에서 나타난다. 모두 가망이 없다고 거의 포기할 때 크란츠는 직원들을 향해 소리친다.

Gentlemen, at this moment, I want you all to forget the flight plan. From this moment on, we are improvising a new mission: How do we get our people home. We've never lost an American in space, we're sure as hell not gonna lose one on my watch! Failure is not an option.

▶ ▶ Ⅱ

이제 기존 계획은 모두 잊고 새로운 임무를 만들어내야 합니다. 어떻게 우주 비행사를 지구에 무사히 데려올지에 집중해야 합니다. 우리는 이제까지 우주에서 미국인을 잃은 적이 없고 제가 지휘하는 한 앞으로도 절대 없을 겁니다. 실패는 생각도 하지 마십시오.

위기를 극복할 힘은 훌륭한 지도자에게서 나온다. 아폴로 13호의 기장인 짐 르벨(톰 행크스)도 뛰어난 지도력과 희생정신으로 다른 두 명의 우주 비행사를 생존으로 이끈다.

훌륭한 나라와 그렇지 않은 나라의 차이는 한 가지뿐이다. 훌륭하고 유능한 지도자. 앞으로 10년이 우리나라의 1,000년을 결정할 정도로 중요한 시기다. 욕심으로 지도자를 하겠다고 나선 사람, 특정 세력만을 위하겠다고 나선 이를 우리의 지도자로 뽑아서는 안 된다.

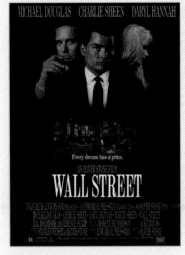

월 스트리트
Wall Street, 1987
돈과 욕망 비극의 이중주

감독 올리버 스톤(Oliver Stone)
각본 스탠리 와이저(Stanley Weiser)
올리버 스톤(Oliver Stone)
출연 마이클 더글러스(Michael Douglas)
찰리 쉰(Charlie Sheen)

돈을 왜 벽(Wall)으로 가두려고

월 스트리트(Wall Street)는 미국 뉴욕시 맨해튼 남부에 있는 금융가를 말하는 통칭이다. 미국의 뉴욕증권거래소와 거대 금융사, 투자은행 등 대형 금융기관과 기업들이 몰려 있는 미국 금융시장의 중심이자 세계 금융시장을 움직이는 곳이다.

월가의 어원은 Wal(성벽)을 의미하는 네덜란드어에서 왔다. 원래 이곳은 네덜란드의 땅 '뉴암스테르담'으로, 아메리카 원주민과 영국인을 막기 위한 긴 목책(성벽)을 세웠던 것이 '벽(Wall, 월)'이라는 이름의 어원이 되었다. 1640년대부터 1650년대까지 세워진 이 방책은 영국이 1699년 철거했다. 18세기 후반부터 19세기 중반 사이에 뉴욕증권거래소 등이 세워지면서 금융가가 되었고 전 세계의 자금이 이쪽으로 유입된다.

영화에서 NYU(New York University, 뉴욕대학교) 출신이고 큰 증권회사 주식 거래인 브로커(broker) 버드 폭스(찰리 쉰)는 세계 금융의 중심, 욕망으로 움직이는 도시 뉴욕에서 빨리 많은 돈을 벌고 싶어 한다.

각고의 노력 끝에 버드는 주식과 채권, 기업 인수 합병 매각의 고수인 고든 게코(Gordon Gekko)와 손잡고 기업 내부 정보 유출 및 불법 투자 등 온갖 불법을 저지르면서 큰돈을 번다. 사실 불법적인 일은 처음 하기가 어렵지 한번 시작하면 대담해지고 수법도 점점 진화된다. 또 잘못을 정당화시키는 일도 그리 어렵지 않다. 돈으로 살 수 있는 편안함과 만족감, 돈이 주는 유용성을 즐기면서 버드는 불법 행위를 정당화한다.

욕심이 얼마나 좋은데

고든이 어떤 사람인지, 아니 더 정확히는 어떤 수단을 동원해서 돈을 벌고 싶은 사람들의 마음가짐이 어떤지를 잘 알려주는 유명한 대사가 "Greed is good(욕심이 얼마나 좋은데)."이다. 고든이 인수를 노리고 있는 회사 주주총회장에서 주주들에게 한 연설의 일부다.

The point is, ladies and gentleman, that greed, for lack of a better word, is good. Greed is right, greed works. Greed clarifies, cuts through, and captures the essence of the evolutionary spirit. Greed, in all of its forms; greed for life, for money, for love, knowledge has marked the upward surge of man-kind.

⏵⏵⏸

더 적절한 말을 고를 필요도 없이 욕심만큼 좋은 일은 없습니다. 욕심은 정당하고 욕심 때문에 일이 돌아갑니다. 욕심이 있으니 정신을 똑바로 차리고 사물을 정확히 보고 우리가 생존할 수 있는 근본인 생존의 힘을 얻게 됩니다. 삶과 돈, 지식, 그 어떤 것이라도 욕심이 있으니 인류는 발전합니다.

그럴듯하게 들리지만 틀린 말이다. 일반적인 논리로도 이 말이 얼마나 틀린 이야기인지 증명할 수 있겠지만 많은 사람이 진리로 믿고 있는 성경에서도 돈이 악의 뿌리가 될 수 있음을 명확히 밝히고 있다.

For the love of money is a root of all kinds of evil. Some people, eager for money, have wandered from the faith and pierced themselves with many griefs(Timothy 6:10).

⏵⏵⏸

돈을 사랑함이 일만 악의 뿌리가 되나니 이것을 사모하는 자들이 미혹을 받아 믿음에서 떠나 많은 근심으로써 자기를 찔렀도다(디모데전서 6:10).

영화에서 버드와 고든은 돈 때문에 결국 싸우게 되고, 사법당국은 불법 정보 거래 연루로 두 사람을 검거해 법의 심판을 받게 한다.

사람이 돈에 눌리면 되나

이 영화가 개봉된 해인 1987년 10월 19일, 월요일에 미국 증권 지수가 22.6% 대폭락한다. 이날이 월요일이었기 때문에 블랙 먼데이 (Black Monday)라는 말이 이때 생기게 되었다. 증권 시장에는 건전한 투자가만 있는 것이 아니다. 특정 주가를 올리고 내리려는 소위 작전 세력들도 있고, 단기간 수익을 보고 빠져나가려는 부동적 단기 자본인 핫 머니 (hot money)도 있다. 특정 기업의 주가에 결정적 영향을 미칠 수 있는 중요한 정보를 미리 알고 있으면서 큰돈을 벌고자 하는 세력들도 있다. 거액의 자금력으로 주식 자체를 흔들 수 있는 큰 자본의 기관투자가들도 있다. 이런 환경에서 개인 투자가들이 돈을 벌기는 쉽지 않다. 주가가 어떻게 움직일지는 아무도 모른다. 기관과 사람의 욕심의 크기와 방향이 모두 다르기 때문이다.

버드와 함께 근무하던 나이 많고 이성적인 선배가 돈 욕심에 잡혀 있는 버드에게 다음과 같은 권고를 한다. 이때 말을 들었어야 했다.

The main thing about money, Bud, is that it makes you do things you don't want to do.

돈이라는 게 말이야, 버드, 정말로 하기 싫은 일이라도 어쩔 수 없이 하게 만들거든.

월 스트리트를 배경으로 하는 영화를 보거나 책을 읽을 때마다 느끼는 일인데, 현장에서 돈을 거래하는 중개인들이나 트레이더들의 말이 너무 거칠다. 욕도 서슴지 않는다. 사실 월스트리트에서 일하는 사람들이면 높은 교육 수준을 자랑하는 사람들인데 왜 그런지 궁금했다. 하는 일이 너무 스트레스를 많이 주기 때문일 수도 있겠지만 돈이 주는 압박감과 돈에 투영되어 있는 수많은 사람의 욕망에 눌려서 그렇게 되는 것이 아닌가 하는 생각도 해보았다. 돈은 한군데 몰려 있어서는 안 된다. 돌고 돌아야 한다.

영화로 보는 세상
영어교수 추천영화 40편

뷰티풀 마인드
A Beautiful Mind, 2001
수학으로 사랑을 이룰 수 있을까

감독 론 하워드(Ron Howard)
각본 아키바 골즈먼(Akiva Goldsman)
출연 러셀 크로(Russell Crowe)
　　　 에드 해리스(Ed Harris)
　　　 제니퍼 코넬리(Jennifer Connelly)

천재를 알아주는 교수

　론 하워드(Ron Howard)가 감독하고 러셀 크로(존 내시), 제니퍼 코넬리 (알리시아 내쉬)가 주연한 영화 뷰티풀 마인드(A beautiful mind)는 조현증(schizo-phrenia)에 시달리면서도 수학자로서 훌륭한 업적을 이루어, 게임이론 (Game theory, 상호 의존적 의사 결정 과정에서 최대한의 효과와 만속을 거눌 수 있는 소압를 수학적으로 연구하는 이론)으로 1994년 노벨경제학상을 받은 천재 수학자 존 내시(John Nash, 1928~2015)의 실화를 바탕으로 하고 있다.

　탄광 산업을 주업으로 하는 웨스트 버지니아주(West Virginia State) 출신 수학 천재, 존 내시는 카네기 공과대학(Carnegie Institute of Technology)을 19세에 조기 졸업하고 명문 프린스턴(Princeton University) 대학원에 입학한다.

아래는 카네기 공과대학을 졸업한 존 내시가 프린스턴 수학과 박사 과정에 지원했을 때, 학부 지도 교수인 더핀(Duffin) 박사가 써준 추천서 원본이다.

"존 내시를 프린스턴대학원에 추천합니다. 존 내시는 열아홉 살이고 6월에 카네기 공대를 졸업합니다. 그는 수학 천재입니다."

존 내시는 긴 설명이 필요 없는 수학 천재이니 고맙게 여기고 받아들여서 잘 교육하라고 말하는 것처럼 들린다.

더핀(Duffin) 박사의 추천서

사랑의 방정식

존 내시는 프린스턴에 모인 수재들 사이에서도 천재성을 발휘한다. 훗날 노벨상을 받은 게임이론도 존 내시의 박사논문에서 제시한 내용이다. 그러나 존 내시는 박사과정 중에 수학의 어려운 문제 해결에 몰두하고 그 와중에 심한 정신병(조현병)에 걸려 환상을 보고 과대망상과 피해망상으로 평생 고생한다. 프린스턴과 MIT(매사추세츠 공과대학) 등에서 교수로 임명했으나 정신병원을 전전하며 제대로 교수 생활을 하지 못할 정도로 고생한다.

이 와중에서 자신을 믿어주고 도와준 것은 MIT에서 강의할 때 학생으로 만난 아내 알리시아 내쉬(Allisia Nash)다. 남편의 정신병 치료를 도와주고 아이를 키운다. 회복과 악화를 거듭하며 정신병에 시달리는 남편을 옆에서 도우며 믿고 기다려준 것이다.

영화에서 노벨상 수상 기념 연설 중에 존 내시는 다음과 같이 말한다.

After life time of pursuit of equations and logics,
I have made the most important discovery of in my career.
The most important discovery of my life.
It is only in the mystery equation of love.
I am only here tonight because of you.
You are the reason I am.
You are all my reason.

평생 방정식과 논리 속에서 살면서 수학자로서 가장 중요한 발견을
했습니다.

내 인생에서 가장 중요한 발견입니다.

사랑의 방정식이라는 신비를 발견했습니다.

당신 때문에 내가 이 자리에 있습니다.

내가 있는 이유는 당신 때문입니다.

당신은 나의 모든 이유입니다.

당신은 나의 모든 이유

이 말 후, 존 내시는 알리시아가 첫 번째 데이트에서 양복 윗주머
니에 넣어준 손수건을 꺼내 관중석에 앉아 있는 알리시아에게 보여주
고, 알리시아는 눈물을 흘리며 감격한다. 가장 가까이 있으면서도 가치
를 쉽게 발견하지 못하는 존재, 남편에게 끝없는 기대를 품으며 절대로
포기하지 않는 존재가 바로 아내다. 회복과 악화를 거듭하는 정신병에
시달리는 천재 남편을, 마음의 갈등과 어려움을 겪으면서도 옆에서 지켜
보고 지지해 준 그의 아내 알리시아. 하나님이 돕는 배필(helper)로 주신
귀중한 대상이다.

2015년 5월 23일 권위 있는 수학상인 아벨상(Abel Prize)을 받은 후 집
으로 돌아오는 길에 뉴저지 턴파이크(Turn Pike, 유료 고속도로)에서 존 내시와
알리시아 내쉬는 교통사고로 함께 세상을 떠난다.

어 퓨 굿 맨
A Few Good Men, 1992
그들만의 세상

감독 롭 라이너(Rob Reiner)
각본 아론 소킨(Aaron Sorkin)
출연 톰 크루즈(Tom Cruise)
　　　잭 니콜슨(Jack Nicholson)
　　　데미 무어(Demi Moore)

소수 정예

　　롭 라이너(Rob Reiner, '해리가 샐리를 만났을 때' 감독)가 감독하고 아론 소킨 (Aaron Sotkin, 드라마 West Wing 대본 작가로 유명)이 시나리오를 담당한 군법 회의 소재 영화다. 멋진 법정 영화가 많지만, 〈어 퓨 굿 맨(A Few Good Men)〉은 군 법 회의 현상이라는 까나로운 소새를 탄탄한 시나리오와 냉정하리만큼 깔끔한 연출을 통해 멋진 영화로 승화시켰다. 아직도 수많은 팬을 확보 하는 명화다.

　　영화의 제목인 〈어 퓨 굿 맨(A Few Good Men)〉은 '소수정예'라는 말로 영 화 개봉 당시 미 해병대 모병 구호로 쓰였던 말이었다. 그런데 이 영화 개봉 후, 우연의 일치인지는 모르지만 해병대 모병 구호는 "The Few,

The Proud, The Marine(소수의, 자부심이 강한 우리는 해병)"으로 바뀌었다. 물론 영화가 이 변화의 원인을 제공한 것인지 아니면 군 당국의 계획에 의해 그렇게 된 것인지는 확실하지 않다. 이 영화는 실제 일어난 비슷한 사건에 기반을 두고 있다.

1903년 미국 플로리다에서 불과 800km 떨어진 쿠바가 스페인으로부터 독립한 이래 미국과 쿠바는 외교 관계를 유지하고 있었다. 미국 정부는 쿠바의 동쪽 제일 끝에 자리한 관타나모(Guantanamo)를 1903년 이후 영구 임대해서 해군기지로 사용했다. 1959년 쿠바에서 카스트로의 공산 혁명(Cuban Revolution)이 성공하고 미국과 외교 관계가 단절된 후에도(2015년 국교 정상화) 미국은 해군과 해병대를 주둔시켰다. 쿠바 정부도 기지에 대한 지원은 전혀 하지 않았지만, 미군은 자체 발전소를 세우고 모든 보급품을 미국에서 수송해 자체 해결했다. 쿠바도 미국과 큰 마찰을 원하지 않았기 때문에 그냥 무시하고 지냈고 미국도 쿠바와 큰 문제를 일으키지 않고 부대를 유지했다.

관타나모 기지가 세계적으로 유명해진 계기는 2001년 알카에다(Al Qaeda)의 미국 본토에 대한 911 테러 사건이다. 미국은 주동자인 빈 라덴(Bin Laden)을 잡기 위해 알카에다 소속 테러리스트를 계속 잡아 관타나모 기지에 수용했다. 수용소에서 빈 라덴 소재 등의 정보 수집을 위해 수용자에게 고문까지 한 사실이 드러나면서 이 기지는 세계적으로 유명해졌다.

이 영화는 미 쿠바 관타나모 기지 해병대 지휘관인 제섭 대령(Col. Jessep)이 부대 소속 산티아고 일병의 사망 사건에 직접 책임이 있다는 혐의를 두고, 새내기 캐피 해군 중위(Kaffee, 변호사)와 제섭 대령의 법정 다툼을 핵심 줄거리로 하고 있다.

영화의 클라이맥스에서 진실을 밝히라는 캐피 대위의 추궁에 제섭 대령이 포효하듯 내뱉은 대사가 "너 따위가 어떻게 진실을 감당하려 고!"(You can't handle the truth!)다.

한국도 마찬가지이지만 해병대는 상륙작전 등 어려운 공격의 선봉에 서야 하는 어려운 임무를 수행하는 엘리트 군인 집단이다. 자신들의 전통과 능력에 대한 자부심을 느끼는 일은 당연하다고 할 수 있다. 하지만 해병대 만의 문제가 아니다. 선택받고 온갖 특혜를 받은 집단 중에서 때로 자부심이 지나쳐 규칙과 상식에 어긋나는 일을 아무렇지 않게 벌이는 일이 생기지 않을까에 대한 우려도 있다.

관타나모 기지에 현장 조사하러 가기 전에 해군 법무관들이 나누는 대화다.

Galloway: Tell your friend not to get cute down there, the Marines at Gitmo are fanatical.
Lt. Weinberg: Fanatical about what?
Galloway: About being Marines.

▶ ▶ �𝕀𝕀

갤로웨이 소령: 관타나모에 가면 말조심해야 한다고 친구(캐피 중위)에게 말해주세요. 거기 해병들은 무서울 정도로 집착이 강하거든요.
아인버그 중위: 무엇에 대해 그리 집착이 강하죠?
갤러웨이: 자신들이 해병이라는 사실요.

네가 진실을 감당할 수 있다고

　　부하들에게 동료 해병의 군기를 잡기 위해 폭력을 행사하라는 불법 명령을 내려 해병을 죽게 한 혐의를 받는 제섭 대령은 재판에 회부된다. 진실을 밝히려는 캐피와 치열한 법정 공방을 벌인다. 제섭 대령은 곧 합동참모본부의 중책을 맡기로 되어 있는 등 한마디로 잘 나가는 군인이다. 자신의 잘못된 결정에 대해 책임지면 될 일인데 해병의 자부심을 등에 업고 진실을 왜곡한다.

　　캐피는 법대의 비싼 등록금을 내기 위해 군대 장학금 변호사를 하고 있고, 곧 전역해 돈 잘 버는 변호사를 하고 싶은 새내기 중위다. 그런 캐피가 눈을 부릅뜨고 진실을 원한다고 다그치고 있으니 제섭 대령은 속에서 불이 붙을 지경이다.

Col. Jessup: You want answers?

Kaffee: I think I'm entitled to.

Col. Jessep: You want answers?

Kaffee: I want the truth!

Col. Jessup: You can't handle the truth!

▶ ▶ �II

제섭 대령: 내가 답하기를 바라나?

케피 중위: 답을 들을 권한이 있다고 생각합니다.

제섭 대령: 정말로 답을 원한다고?

케피 중위: 진실을 원합니다!

제섭 대령: 진실을 말해줘도 너는 감당하지 못해!

왜 너희는 진실을 감당하지 못한다고 주장하는 것일까. 왜 진실의 무게가 그렇게도 무거울까. 그냥 내 출세의 앞날을 너희 같은 놈들이 어찌 방해할 수 있으랴 하는 맹신 때문이 아니었을까. 아니면 기득권이 세운 거대한 시스템은 나를 보호해 줄 것이라는 믿음 때문일까.

이 장면을 보면서 문득 요한복음 18장에 있는 빌라도 총독이 예수를 심문하는 장면이 떠오른다.

John 18:37 "You are a king, then!" said Pilate. Jesus answered, "You say that I am a king. In fact, the reason I was born and came into the world is to testify to the truth. Everyone on the side of truth listens to me."

▶ ▶ ⏸

18:37 빌라도가 예수께 "그러면 네가 왕이냐?" 하고 물으니, 예수께서 대답하셨다. "네가 말한 대로 나는 왕이다. 나는 진리를 증언하려고 태어났으며, 진리를 증언하려고 세상에 왔다. 진리에 속한 사람은 누구나 내가 하는 말을 듣는다."

38 "What is truth?" retorted Pilate. With this he went out again to the Jews gathered there and said, "I find no basis for a charge against him."

▶ ▶ ⏸

18:38 빌라도가 예수께 "진리가 무엇이냐?" 하고 물었다. 빌라도는 이 말을 하고 다시 유대 사람들에게로 나와서 말하였다. "나는 그에게서 아무 죄도 찾지 못하였소."

39 But it is your custom for me to release to you one prisoner at the time of the Passover. Do you want me to release 'the king of the Jews'?

▶ ▶ ‖

18:39 유월절이면 내가 너희에게 한 사람을 놓아주는 전례가 있으니 그러면 너희는 내가 '유대인의 왕'을 너희에게 놓아주기를 원하느냐 하니

빌라도는 두고두고 예수에게 사형 언도를 내린 사람으로 알려지게 된다. "본디오 빌라도에게 고난을 받으사, 십자가에 못 박혀 죽으시고…" 이는 기독교인들이 예배 때마다 암송하는 사도신경 일부다.

예수가 진리를 말해주어도 그는 진리를 받아들이지 못한다. 빌라도가 "진리가 무엇이더냐" 다음에 "retorted"라고 나오는데 이는 "to answer someone quickly in an angry or funny way(Cambridge 사전)", "화가 나거나 비꼬면서 한 말"이라는 뜻이다.

빌라도가 이때 예수의 말을 잘 알아듣고 순종했더라면 기독교인들에게 지금까지 두고두고 비난을 받지는 않았을 것이다.

명예로운 삶

진실은 받아들이기 어려울 때가 많다. 하지만 진실을 받아들이고 내 것으로 받아들이는 안목과 훈련이 필요하다는 생각이 들게 하는 영화다.

영화의 마지막에 명령을 따랐기 때문에 죄에서는 벗어나지만, 동료를 죽게 한 혐의 때문에 그토록 집착했던 해병을 떠나 불명예 전역을 해야 하는 해병 부사관에게 캐피는 재판장에서 진심을 담아 한마디 한다.

Kaffee: You don't need to wear a patch on your arm to have honor.

▶ ▶ ❚❚

캐피: 팔에 해병대 상징을 붙이지 않아도 얼마든지 명예로운 삶을 살 수 있어.

잠시 생각하던 해병은 캐피에게 정중하게 경례하고 퇴장한다.

영화로 **보는 세상**
영어교수 추천영화 4□편

영화로 보는 세상

영어교수 추천영화 40편

영화로 보는 세상
영어교수 추천영화 40편

Chapter 03

꼭 싸워야 하나

디어 헌터
Deer Hunter, 1978
나 돌아갈래

감독 마이클 치미노(Michael Cimino)
각본 마이클 치미노(Michael Cimino)
데릭 워시번(Deric Washburn)
루이스 가핀클(Louis Garfinkle)
출연 로버트 드 니로(Robert De Niro)
크리스토퍼 월켄(Christopher Walken)
존 카즐리(John Cazale)
메릴 스트립(Meryl Streep)

잊고 싶은 전쟁, 베트남전

한 신문 보도에 따르면 미국은 1776년 독립 이후 2019년까지 243년 중 225년을 세계 전 지역에서 전쟁을 치렀다고 한다. 제2차 세계대전 후 1946년부터 2000년대까지 전 세계에서 발생하는 군사 분쟁 9건 중 1건에 미국이 개입했다는 기록도 있다(The News, The US Has Been at war 225 out of 243 years since 1776, Sabir Shah, 2020. 01. 09).

미국이 치른 수많은 국제 전쟁 중 베트남 전쟁(Vietnam War, 1964~1973)은 미국의 패전으로 기록되며 미국인에게 가장 아픈 상처로 남아 있다. 1945년 제2차 세계대전 후 프랑스의 식민지에서 벗어난 베트남은 두 세력으로 분열된다. 소련의 지원을 받는 공산당을 중심으로 하는 북부 베트남과 기존의 수구 세력과 외세 의존 세력인 남부 베트남이다. 이 두 세력은 새로운 베트남의 주인이 되기 위해 분쟁을 시작했다.

1953년 한국전을 중국의 개입 등으로 어설프게 종전이 아닌 휴전으로 끝낸 미국은 북베트남이 승리하여 공산당이 집권하면 동남아시아가 공산화될 것이라는 도미노 이론을 이유로 남베트남을 지원하며 전쟁에 뛰어든다. 물론 전쟁을 하면 떼돈을 버는 군수업체들의 로비와 입김도 상당했을 것이다. 10여 년에 걸친 전쟁 중에 최대 50만 명의 미군이 참전했고 사망자만 5만 명이 발생했다. 베트남 군인들과 민간인 사망자는 200만 명에 이른다.

설상가상으로 남베트남 정부는 부패와 독재가 일상화되어 대다수 국민에게 지지를 받지 못했다. 정치가 일반 민중의 지원을 받지 못하면 생존할 수 없음을 강조한 마오쩌둥(Mao Zedong, 1893~1976)은 중국의 붉은 혁명을 주도하며 다음과 같이 강조했다. "각급 영도 간부는 물고기이며 인민 군중은 물이다. 물고기는 물을 떠나서는 목말라 죽는다." 이와는 반대로 남베트남의 대다수 부패 지도자들은 자신의 욕심을 챙기는 것에 급급했다. 남베트남의 마지막 대통령이었던 티에우는 남베트남이 멸망하자 국민 몰래 착복한 금괴 2톤을 비행기에 싣고 가족과 함께 대만으로 피신할 정도였다. 전쟁의 승패는 일찌감치 정해진 것이나 다름없었다.

미국 내 사정도 좋지 않았다. 전 세계 평화를 위해 싸운 제2차 세계대전이나 북한의 침략에 맞서 UN군의 일원으로 참여한 한국 전쟁과는 달리, 베트남 전쟁에 대한 미국인의 의견은 부정적이었다. 더구나 게릴라전을 치르는 북베트남군의 전략에 휘말려 미군의 희생이 컸으며 미군에 의한 미라이(My Lai) 민간인 학살 사건 등이 계속 보도되면서 미국 국내에서는 반전 움직임이 심화되었다.

미국은 참전 용사들을 존경하고 그들의 희생과 국가에 대한 봉사를 감사하는 전통이 정착된 국가다. 그러나 베트남전은 워낙 참전에 대의명분이 약해지다 보니 참전한 군인들도 다른 전쟁과는 달리 사회에서 환영받지 못하고 PTSD(Post-traumatic stress disorder, 외상 후 스트레스 장애)로 고생하는 군인도 상당히 많았다.

이런 현상을 묘사한 영화가 1982년도에 개봉한 실베스터 스탤론(Sylvester Stallone)이 주연한 〈퍼스트 블러드(First Blood)〉다. 이 영화는 우리나라에서는 〈람보(Rambo)〉라는 제목으로 개봉했다. 영화에서 베트남전 참전 용사인 람보는 베트남에서 함께 싸우다 전사한 전우의 가족을 찾아간다. 미국 서부 워싱턴주 작은 시골 마을을 걸어가다가 마을의 보안관인 티즐(Teasle)에게 잡혀 마을에서 추방된다. 람보는 항의하지만 돌아오는 내답은 싸늘했다.

Rambo: I said why you pushing me? I haven't done anything to you.
Teasle: First of all, you don't ask the questions around here. I do. Understand! Second, we don't want guys like you in this town, drifters. Next thing we know, we got a whole bunch of guys like you in this town. That's why! Besides, you wouldn't like it here anyway. It's just a quiet little town. In fact you might say it's BORING. But that's the way we like it. I get paid to keep it that way.

람보: 왜 나를 밀어내지요? 아무 짓도 안 했는데요.

보안관 티즐: 첫째, 이곳에서는 질문하지 마. 질문은 내가 할 테니. 받아들이라고! 둘째, 우리는 마을에서는 당신 같은 떠돌이가 필요 없어. 당신 같은 사람들은 이 마을에 이미 많이 있거든. 그래서 그래. 또 당신도 이곳이 마음에 들지 않을 거야. 이곳은 조용하고 작은 마을이잖아. 당신이 보기에는 지루할 수도 있어. 하지만 우리는 그런 것이 좋거든. 나도 그렇게 마을을 지키라고 고용된 사람이야.

평소 모병제인 미국도 베트남 전쟁 중에는 징병제를 운영했는데 징병을 거부하거나 피하는 젊은이들도 부지기수였다. 유명한 권투선수인 무하마드 알리(Muhammad Ali)도 전성기인 1966년 25세에 징병을 거부하여 세계 챔피언을 박탈당하고, 3년간 권투선수를 하지 못하여 엄청난 금전적 손해를 보았다. 5년 징역형을 선고받았으나 항소와 상고를 계속하여 실제 투옥되지는 않았다.

사슴 사냥

1978년에 제작된 영화 〈디어 헌터(Deer hunter)〉는 베트남 전쟁의 후유증을 겪는 세 친구의 이야기를 그렸다. 고향인 펜실베이니아 제철공장에서 일하는 전형적인 미국 노동자 계급의 세 친구 마이클(Michael, 로버트 드 니로), 닉(Nick, 크리스토퍼 월켄), 스티븐(Steven, 존 카즐리)은 시간이 나면 산에 가서 사슴 사냥을 한다.

이 영화는 왜 하필 사슴 사냥을 주요 소재로 삼았을까. 맹수를 사냥하는 것과는 달리 사슴을 사냥할 때는 사슴이 공격을 해오는 경우가 없다. 사냥꾼의 강한 무기 앞에 사슴이 사냥감이 될 뿐이다. 전쟁에 투입되는 군인들도 마찬가지다. 군인들은 전장에서 삶과 죽음의 경계를 넘나들지만 전쟁의 승패에는 거의 영향을 미칠 수가 없다. 전쟁의 승패는 군사적으로 결정되는 경우보다는 정치적으로 결정되는 경우가 더 많고 전장의 병사들은 언제 희생당할지 모르는 사슴들과 같다. 이 영화의 제목이 시사하는 바가 크다.

조국의 부름에 따라, 아니 그렇게 거창하지는 않아도 미국인으로 살아가야 하니, 나라가 부과하는 의무를 다하기 위해 이들은 군인으로 베트남에 가지만 잔인한 전쟁은 이들의 삶을 송두리째 바꾸어놓는다. 세 명이 부대에서 함께 근무하다가 베트콩에 생포된다. 베트콩들은 이들을 대상으로 여섯 발이 들어가는 회전 체임버 리볼버 권총에 총알 한 발만 넣고 체임버를 회전한다. 총알이 어디에 있는지 모르기 때문에 총을 머리에 대고 방아쇠를 당기면 총이 발사될 확률이 육 분의 일이다. 머리에 총을 대고 방아쇠를 당기는 소위 러시안 룰렛(Russian Roulette)게임을 강요당한다.

이제 집에 가자

우여곡절 끝에 세 명은 베트콩을 제압하고 탈출하지만, 스티븐은 큰 부상을 당하고 마이클도 가벼운 총상을 당해 미국으로 후송된다. 닉은 어디론가 사라지고 만다. 부상 때문에 불구가 된 스티븐에게 누가 정기적으로 큰돈을 보내는데 이는 닉이 보냈음이 밝혀진다. 마이클은 닉을 찾아 다시 베트남에 간다. 사이공에서 닉을 발견했지만 그는 옛 기억을 다 잃고 불법 도박장에서 엄청난 돈이 걸린 러시안룰렛 게임에 이용되고 있었다. 살아남기만 하면 엄청난 돈을 벌겠지만 매 순간이 죽음과 싸움이다.

베트남에 오기 전 마이클과 닉은 다음과 같은 대화를 나눈다. 둘 다 사슴 사냥을 좋아한다. 마이클은 항상 고통을 주지 않고 한 방에 끝내야 하는 원 샷(One Shot)에 대해 이야기한다. 사슴을 사냥하기는 하지만 고통 없이 한 번에 끝내자고 말하는 것이다.

Nick: I don't think about that much with one shot anymore, Mike.
Michael: You have to think about one shot. One shot is what it's all about. A deer's gotta be taken with one shot.

▶ ▶ ⅠⅠ

닉: 요새는 네가 말한 한 방에 끝내자는 이야기는 잘 생각 안 해.
마이클: 무슨 말이야. 한 방은 항상 생각해야 해. 가장 중요한 일인데. 사슴은 한 방에 해치워야 하는 거야.

닉이 사이공 불법 도박장에서 머리에 총을 대고 방아쇠를 당기려 할 때, 마이클은 자신도 알아보지 못하는 닉을 설득했다.

Michael: Come on, Nicky, come home. Just come home. Home! Talk to me. You just talk to me. Nicky. Nicky.
Michael: Nicky, do you remember the trees? Remember all the different ways of the trees? Remember that? Remember? Huh? The mountains? Do you remember all that?

Nick: One shot?

Michael: One shot! One shot.

Nick: (Smiles) Yeah.

마이클: 니키, 정신 차려. 이제 집에 가자. 얘기 좀 해봐. 니키. 니키. 나무들 기억나? 나무들이 어떻게 나 있는지 기억나지? 산도 기억나고? 다 기억나지?

닉: 원 샷?

마이클: 그래. 원 샷, 원샷.

닉: (웃으며) 맞아.

닉의 기억이 돌아오는 듯하다. 하지만 닉은 방아쇠를 당기고 총알이 발사되어 그대로 죽는다. 닉은 고향에서 너무 멀리 왔다.

전쟁은 정말로 미친 짓이다. 우리도 70년 전에 큰 전쟁을 겪었고 영토는 둘로 나뉘었고 영속적인 평화는 아직 요원하다. 한반도를 둘러싸고 북한과 미국이 핵무장 문제로 한참 힘겨루기를 하고 있다. 제발 평화로운 결말이 나서 우리 후손들은 전쟁의 위협이 없는 세상에서 살게 되기를 희망한다.

영화로 **보는 세상**
영어교수 **추천영화 40편**

cinema **2**

우리는 지금 지옥보다 더 깊은곳에 있다!

유 -571

유보트 571
U-571, 2000
절대 모른다고 하지 마시오

감독 조나단 모스토우(Jonathan Mostow)
각본 샘 몽고메리(Sam Montgomery)
데이비드 에이어(David Ayer)
출연 매튜 매커너히(Matthew McCo-
naughey)
빌 팩스톤(Bill Paxton)
하비 케이틀(Harvey Keitel)

U-boat

제2차 세계대전 초기(1939~1942) 독일 해군의 잠수함 유보트(U-boat)
는 연합군 해군에게 큰 피해를 주었다. 영국 등 연합국에 비해 해군력이
강하지 않았던 독일은 유보트를 이용하여 어뢰로 선박을 공격하고 도망
가는 전술을 구사하여 큰 효과를 보았다. 미국이 1941년 12월 본격적
으로 전쟁에 개입하고 난 후에는 연합군은 항공모함과 구축함 및 잠수
함을 이용해 반격에 나섰다. 독일의 유보트는 그 효능을 잃고 연합군에
게 제해권을 내주게 된다. 해군 전략의 총량적인 증강 대신에 유보트만
의존했던 히틀러의 잘못된 선택도 독일군의 패배에 결정적인 영향을 주
었다.

전투 요원이 아닌 학자들이 제2차 세계대전에서 연합군의 승리에 결정적인 영향을 끼친 사건은 독일군이 사용하는 암호체계인 에니그마(Enigma)를 해독한 일이었다. 독일군은 암호 해독서가 없으면 도저히 해석할 수 없는 복잡한 암호체계를 만들어서 군대에 명령을 전달했고 그 체계도 매일 바꾸었다. 연합군으로서는 통신을 감청하더라도 무슨 내용인지 알 도리가 없었다. 다행히 영국에는 천재 수학자 앨런 튜링(Alan Turing, 우리가 인터넷에서 종종 대하는 튜링 테스트의 그 튜링이다)이 있었다.

튜링은 영국 정보부에서 다른 수학자들과 함께 1942년 7월 에니그마 해독기 튜링거리(Turingery)를 발명했다. 영국 해군은 1942년 10월 독일 잠수함 U-559호를 나포해 에니그마 기계와 해독서를 입수하여 에니그마 해독에 큰 도움을 주었다.

연합군은 독일군이 자신들의 암호체계가 해독된 것을 모르는 상태를 유지하기 위해 최선을 다했다. 실제로 독일군은 전쟁이 끝날 때까지 자신들의 암호체계가 뚫린 것을 몰랐다. 에니그마의 해독으로 2천만 명정도의 인명 희생을 줄일 수 있었다. 또 제2차 세계대전도 최소한 2년 이상 단축시킨 것으로 전략가들은 계산했다. 제2차 세계대전의 전세를 극적으로 역전시킨 1944년 프랑스 노르망디 상륙작전(Normandy landings)도 독일군의 방어 전략 등을 도청 통신의 해독을 통해 속속들이 알고 있었기 때문에 큰 희생 없이 진행할 수 있었다고 전해진다. 에니그마 해독에 관한 사실은 1970년대까지 영국에서 비밀로 유지했다.

Never say "I don't know."

영화 〈U-571〉은 실화와 허구를 적당히 섞어서 미군이 주축이 된 특공대가 독일 U-571을 나포하여 에니그마와 해독서를 탈취했다는 내용을 담고 있다. 에니그마 탈취 작전 중 함장을 잃고 졸지에 작전의 지휘관이 된 타일러(Tyler) 대위는 위기 상황에서 어떻게 해야 할지 모르고 어떻게 해야 하느냐는 부하들의 질문에 "I don't know"라고 대답했다가 나이 많은 주임 상사에게 충고를 듣는다.

Chief Klough: Don't you dare say what you said to the boys back there again, 'I don't know.' Those three words will kill a crew, dead as a depth charge. You're the skipper now, and the skipper always knows what to do whether he does or not.

▶ ▶ ⏸

주임상사: 지금 하신 말을 부하들에게 하시면 절대 안 됩니다. 그런 말은 대원들을 죽이는 말입니다. 잠수함을 파괴하는 기뢰만큼이나 위험합니다. 대위님이 이제 함장입니다. 함장은 실제로 알건 모르건 상관없이 항상 무엇을 할 것인지 알고 결정해야 합니다.

리더는 참 어렵다. 아무나 리더가 될 수 없다. 자격 없는 사람들이 리더가 되겠다고 나서도 안 된다. 대통령 선거가 있을 때마다 정말로 대통령감이 아닌데 대통령이 되겠다고 설치는 사람들을 보면 조용히 충고해 주고 싶다. 당신 정말로 리더의 덕목을 갖고 있냐고. 위기의 순간에 이 나라를 다스릴 수 있겠냐고. 양심이 있다면 아니라고 답하겠지만 그런 양심이 있으면 아예 선거에 나오지 않았으리라. 정치는 끊을 수 없는 마약이다.

타일러 대위의 직속 상관이었던 달그렌(Dahlgren) 함장은 에니그마 탈취 작전을 시작하기 전에 타일러에게 이렇게 충고했다.

Lt. Commander Mike Dahlgren: You see? you hesitate. But as a captain, you can't. You have to act. If you don't, you put the entire crew at risk. Now that's the job. It's not a science. You have to be able to make hard decisions based on imperfect information. Asking men to carry out orders that may result in their deaths. And if you're wrong, you suffer the consequences. If you're not prepared to make those decisions, without pause, without reflection, then you've got no business being a submarine captain.

달그렌 함장: 자, 이것 보라고. 결정을 못 하고 망설이잖아. 함장이 되면 망설여선 안 돼. 바로 행동으로 옮겨야 해. 그렇지 않으면 전 대원이 위험에 처하게 되는 거야. 이게 귀관이 해야 할 일이야. 어려운 과학이 아니야. 정보는 부족하지만 어려운 결정을 내려야 한다고. 부하들의 목숨을 앗아갈 수도 있는 명령도 내려야 해. 그리고 그 명령이 틀리면 결과는 귀관이 책임져야지. 망설임 없이 두 번 생각하지 않고 이런 결정을 내릴 준비가 되지 않았다면 귀관은 잠수함 함장감이 아니야.

지도자의 덕목

세계적인 리더십 학자인 사이먼 시넥(Simon Sinek)은 지도자의 덕목에 대해 다음과 같이 강조했다.

Leaders are the ones who have the courage to go first, to put themselves at personal risk to open a path for others to follow. Under poor leaders we feel like we work for the company. With good leaders we feel like we work for each other.

▶ ▶ ⅠⅠ

지도자들은 자신이 먼저 나설 수 있는 용기 있는 사람들이고, 다른 사람들이 따라올 수 있는 길을 열기 위해서 자신이 희생될 수 있는 모험을 하는 사람들이다. 지도자가 별 볼일이 없으면 우리는 회사조직을 위해 일한다고 느낀다. 훌륭한 지도자가 있으면 우리는 서로를 위해 일한다고 느낀다.

훌륭한 지도자는 어려운 결정을 내리고 그 결정을 책임지는 사람이고 다른 사람이 기꺼이 일할 수 있게 이끄는 사람이다. 다른 사람을 이끌어야 하는 정치인이 되겠다고 설치는 사람 중에 이런 덕목을 가진 사람들이 있기는 한 것일까.

에니그마를 해독하여 제2차 세계대전의 승리에 크게 기여하고 수많은 인명의 희생을 막았으며 현대 컴퓨터의 원리를 발명한 튜링 박사는 전쟁이 끝난 후에도 계속 컴퓨터 개발 등 수학 연구에 매진한다.

1952년 튜링 박사는 동성애 혐의가 의심된다고 하여 체포되어 유죄 선고를 받는다. 당시 영국에서는 동성애가 불법이었다. 이 판결은 2013년에 무죄로 뒤집혔다. 19세기 말 위대한 영국 작가 오스카 와일드(Oscar Wilde)도 동성애 혐의로 체포된 바 있다. 튜링은 1954년 청산가리를 복용하고 자살한다. 편견과 차별에 싸인 사회가 포용하지 못한 위대한 수학자의 쓸쓸한 죽음이다.

영화로 **보는 세상**
영어교수 **추천영화 40편**

아이 인 더 스카이
Eye in the Sky, 2015
죽느냐 사느냐 그것이 문제로다

감독 개빈 후드(Gavin Hood)
각본 가이 히버트(Guy Hibbert)
출연 헬렌 미렌(Helen Mirren)
애론 폴(Aaron Paul)
앨런 릭먼(Alan Rickman)

콜래트럴 데미지(Collateral Damage)

계속되는 내전으로 피폐해진 고향을 떠나 이웃 국가인 아프리카
케냐(Kenya)에 이주한 소말리아인들 안에 테러범들이 숨어서 자살폭탄
테러를 계획하고 있다. 이들을 잡기 위해 영국과 미국, 케냐 정부가 합동
작선을 벌이고 있다. 드론과 지상 정보원들이 테러범들을 계속 감시하고
있으며, 여건이 맞으면 케냐 특공대를 투입하든지 공중에서 대기 중인
미군 소속 무장 드론으로 공격할 예정이다. 총지휘는 영국군 캐서린 파
웰(Katherine Powell) 대령이 맡고 있다.

테러범들의 위치는 지상의 정보원과 드론의 감시로 파악되어 파웰 대
령은 공격 개시 시간을 조율한다. 그러나 테러범들이 바로 자살 폭탄 조

끼를 입고 대량 학살 테러를 감행하려고 준비하는 것을 발견한다. 바로 드론을 이용한 미사일 공격을 명령한다. 하지만 문제가 생겼다. 미사일 공격을 감행하면, 테러범 은닉 장소와 가까이 있는 어린 여자아이가 사망할 수 있다.

군사 작전에서는 이런 민간인의 희생을 콜래트럴 데미지(Collateral Damage)라고 부른다. 이는 합법적인 적에 대한 공격 중, 비전투원의 우발적이거나 의도하지 않은 살해 또는 상처, 비전투원 재산에 대한 파괴를 의미하는 군사 용어다. 정말 인간성이라고는 하나도 찾아볼 수 없는 차가운 용어다. 그냥 민간인 피해(Civilian Casualties)라고 하면 될 것을 최대한 군사적인 책임은 찾아볼 수 없는 기계적이고 중립적인 용어를 만들어냈다. 사람들이 듣기 쉽도록 소화하기 어려운 말의 의미는 살리되, 부드러운 말로 바꾸는 완곡어법(Euphemism)의 일종이라고 주장할 수 있다. 하지만 이런 용어는 사건을 책임지지 않겠다는 태도와 무관치 않다.

이제 시간을 지체하지 않고 공격해서 테러리스트도 섬멸하고 자살 폭탄 테러도 막고 싶은 군인들, 민간인 희생에 따른 책임을 피하고 싶은 정치인 간의 치열한 논쟁이 벌어진다. 영국 철학자 필리파 푸트(Philippa Foot)의 트롤리 딜레마(Trolley Dilemma, 광차문제)를 연상시킨다.

트롤리 딜레마는 아래 그림에서 보는 것처럼 브레이크가 고장 나서 멈출 수 없는 기차의 방향을 바꿀 수 있는 레버가 있을 때를 가정한다. 이 경우에 한 사람만 죽게 하는 것이 맞는지, 아니면 결과가 어떻게 되든지 상관없이 이 비극에 개입하지 않는 것이 맞는 일인가에 대한 논쟁이다. 사람의 목숨을 숫자로 세어서 판단할 수 있는 일은 아니라는 것은

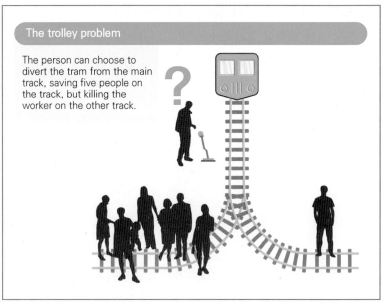

(출처: 위키피디아)

우리의 도덕 기반이다. 하지만 전쟁이라는 이 비정상 상황이 이런 도덕적 사고를 가능하게 할 것인지 의문이다.

브레이크가 풀린 채 빠른 속도로 달리고 있는 열차의 방향을 바꿀 수 있다면, 어느 방향으로 바꾸는 것이 더 '도덕적'인 결정인가.

폭력의 대가

결국, 영국군은 민간인 희생을 무시하고 드론을 이용하는 미사일 공격을 감행한다. 정치인은 군인을 비난하고 군인은 자신의 신념을 이야기한다.

Angela Northman: In my opinion, that was disgraceful. And all done from the safety of your chair.

Lt. General Frank Benson: I have attended the immediate aftermath of five suicide bombings, on the ground, with the bodies. What you witnessed today, with your coffee and your biscuits, is terrible. But what these men would have done would have been even more terrible. Never tell a soldier that he does not know the cost of war.

안젤라 노스맨(영국 정치인 의회 담당 차관보): 정말로 끔찍해요. 당신의 자리를 지키려고 한 일 아닌가요?

벤슨(영국 육군 중장): 나는 다섯 차례 시체가 널려 있는자살 폭탄 현장을 수습한 적이 있소. 오늘 여러분이 커피 마시고 과자 먹어가며 목격한 현장은 끔찍하오. 하지만 이 테러범들이 실제로 자살 테러를 감행했더라면 그 현장은 더욱 끔찍했을 것이요. 군인에게 전쟁의 대가를 모른다는 말은 절대 하지 마시오.

드론 미사일 공격을 수행해 미사일을 발사한 미국 공군 중위가 소녀의 사망 후 엄청난 충격에 시달리고 있음이 영화에도 잘 드러난다. 이 영화 감독인 개빈 후드(Gavin Hood)의 조사에 따르면 공격 드론 조종사 중 30% 이상이 PTSD(Post-Traumatic Stress Syndrome, 외상 후 스트레스 증후군)에 시달리고 있다.

임무를 끝낸 드론 조종사와 보조를 했던 부사관에게 상관이 명령했다.

Lieutenant Colonel Ed Walsh: Now you go home. Get some rest. I need you both back here in 12 hours… Okay?

⊙ ▷ ⅱ

월쉬 중령: 자 이제 집에 가서 쉬게. 하지만 12시간 후에 다시 돌아와야 하네. 알겠나?

드론 조종사는 12시간 후에 돌아와 명령에 따라 다음 목표물 타격을 준비해야 한다.

영화로 **보는 세상**
영어교수 **추천영화 40편**

cinema **4**

제로 다크 서티
Zero Dark Thirty, 2012
끝없는 추격, 이제 끝이 보인다

감독 캐서린 비글로(Kathryn Bigelow)
각본 마크 볼(Mark Boal)
출연 제시카 차스테인(Jessica Chastain)
조엘 에저튼(Joel Edgerton)
크리스 프랫(Chris Pratt)

정복당하지 않는 아프카니스탄

영화 제목 '제로 다크 서티(Zero Dark Thirty)'는 새벽 12시 30분을 지칭하는 군대 용어다. 우리는 역사 공부를 통해 융통성이 없고 흐르지 않는 듯한 과거의 사건에서 우리가 어디로 향하고 있는지를 파악하는 실마리를 구하기 위해 노력한다. 그러나 우리는 피할 수 있는 실수를 항상 되풀이한다. 특히 인류는 전쟁을 통해 다른 나라를 굴복시킬 수 있다고 믿는다. 예를 들어 전쟁으로 상대방을 굴복시킬 수 있다는 생각은 역사를 모르는 어리석음에서 나온다. 근대 역사에서 미국이 거둔 가장 막강한 상대인 소련에 대한 승리는 전쟁으로 얻지 않았다. 막강한 군사력의 소련은 내부의 모순과 외부 변화를 견디지 못해 스스로 몰락했다. 소련이 주저앉은 계기가 된 사건이 소련의 아프카니스탄(Afghanistan) 침공이다.

1979년 소련은 아프카니스탄을 침공해 10년간 전쟁을 벌인다. 결국, 전쟁에서 심각한 피해를 입고 1989년에 철수한다. 아프카니스탄은 부족 중심 국가로 산악으로 이루어져 역사상 어느 나라도 점령한 적이 없는 지역이다. 아무리 첨단 무기로 무장하고 아무리 많은 사람을 죽여도 그 지역을 굴복시킬 수는 없다.

이 전쟁 중에 미국을 포함한 서방세력은 소련과 싸우는 아프카니스탄 및 여러 나라에서 몰려든 이슬람 무자헤딘(Mujahideen) 세력을 돈과 무기를 대주며 전폭 지원했다. 이 무자헤딘 세력 중 하나가 사우디아라비아 출신 오사마 빈 라덴(Osama bin Laden)으로 후에 알카에다(Al-Qaeda)를 조직했다. 2001년에 911테러를 일으킨 빈 라덴이 사실은 소련의 아프카니스탄 침공 중 미국이 지원했던 세력이라는 사실이 아이리니하다.

중동 지역은 석유가 나오는 지역이기 때문에 각국의 이해가 충돌할 수밖에 없다. 또 아랍 민족주의와 이슬람 원리주의도 엄청난 갈등을 일으키고 있었다. 이런 역사에 근거한 문화적이고 종교적인 근본을 이해하지 못하는 서방국가의 갈팡질팡 정책도 중동의 분쟁을 진정시키지 못하고 있다. 물론 자본 세력과 석유 재벌의 이익 추구도 갈등 증폭의 원인이 되었다.

소련이 1989년 아프카니스탄에서 철수한 후 주력 세력에서 밀려난 오사마 빈 라덴이 지휘하는 알카에다는 타도해야 할 목표를 미국으로 잡는다. 2001년 민간비행기로 미국의 무역센터를 폭파하는 끔찍한 테러를 감행한다. 3,000명 이상의 민간인이 희생되었다. 이런 테러 행위는 어떤 이유로도 정당화하지 못한다. 엄청난 충격을 받은 미국은 아프카니스탄과 이라크 등을 테러의 지원 세력으로 규정하고 전쟁을 시작한다. CIA

를 중심으로 빈 라덴과 알카에다 주동 세력들의 색출 제거 작업이 시작된다.

무조건 잡아야 해

이 영화는 911 테러 이후 10여 년간에 걸친 빈 라덴 수색 및 사살 작전 실화를 기반으로 제작되었다. 여성 감독인 캐서린 비글로우(Kathryn Bigelow)가 첩보와 군사 작전을 세밀하고 실감 나게 그려 호평을 받았다. 영화의 주인공인 CIA 여성 요원 마야(Maya)는 끈질긴 집념으로 빈라덴을 추적했다. 그 와중에 동료들도 잃고 마야 자신도 몇 번 죽을 뻔한 위기를 모면했다.

끈질긴 추적 끝에 빈 라덴이 아프카니스탄 인근 파키스탄(Pakistan)의 소도시에 잠적해 있다는 사실을 발견하지만, 그를 제거할 특수부대 침투 및 사살 작전을 수행하기 위해서는 대통령을 설득해야 한다. CIA 국장은 대통령과 최종 면담 전에 혼자 점심식사 중인 마야를 불쑥 찾아온다.

C.I.A. Director: May I join you?

C.I.A. Director: How is the food down here anyway?

Maya: Uh, it's okay.

C.I.A. Director: How long have you worked for the CIA?

Maya: Twelve years. I was recruited out of high school.

C.I.A. Director: Do you know why we did that?

Maya: I don't think I can answer that question, sir. I don't think I'm… allowed to… answer.

C.I.A. Director: Alright. What else have you done for us? Besides Bin Laden?

Maya: Nothing. I've done nothing else.

C.I.A. Director: Well, you certainly have a flair for it.

▶ ▶ ❚❚

CIA 국장: 앉아도 될까?

CIA 국장: 여기 식당 밥 먹을만하나?

마야: 그럭저럭 괜찮습니다.

CIA 국장: CIA에서 근무한 지가 얼마나 됐나?

마야: 12년 됐습니다. 고등학교 졸업하고 스카웃되었습니다.

CIA 국장: 우리가 왜 그렇게 하는지 아나?

마야: 그 질문에는 대답하지 않아야 할 것으로 생각됩니다.

CIA 국장: 빈 라덴 말고 다른 일은 무엇을 했나?

마야: 없습니다. 다른 일은 한 일이 없습니다.

CIA 국장: 한 가지 일을 맡으면 끝까지 파고드는 재주가 확실히 있군.

결국, 오바마 미국 대통령은 빈 라덴 사살 작전(Operation Neptune Spear)을 승인한다. 빈 라덴과 그의 조직원들을 추적하면서 CIA는 정보를 얻기 위해 생포된 알카에다 조직원에 대한 고문도 서슴지 않았다. 인권을 우선시한다는 미국의 자존심과 강대국의 체통도 잠시 버리고 목적을 달성하기위해 그들이 경멸했던 적과 같은 방법과 태도를 택한 것이다.

고문을 버티고 있던 알카에다 조직원에게 CIA 요원이 말했다.

Dan: It's cool, that you're strong and I respect it, I do. But in the end, everybody breaks, bro. It's biology.

댄: 참 대단해, 강하고 존경스러울 따름이야. 정말로. 하지만 막판에 가면 다 무너지게 되어있어. 사람 몸의 한계야.

고문을 견딜 수 있는 사람은 없다. 고문은 사람의 육체뿐만 아니라 정신까지 파괴하기 때문이다. 한국인 독립투사들을 고문했던 일본인들, 민주화운동을 했던 대학생을 물고문 끝에 죽게 했던 고문 경찰들, 그들도 이런 고통을 견딜 수 있을까. 아니다, 라고 자신 있게 말할 수 있다. 그들도 알면서 고문을 가한 것이다. 사람이 얼마나 사악해질 수 있는 것인지.

결국, 미국은 빈 라덴을 처단한다. 미국인들은 열광했다. 그러나 이게 테러의 끝일까. 아니다. 그 후에도 이슬람 원리주의자(Islam Fundamentalist) 등에 의해 미국과 서방 세계에 대한 테러는 계속되었다.

아프가니스탄 전쟁은 미국의 침공으로 2001년 10월에 시작되어 100조 이상의 돈을 퍼부었다. 2021년 8월 현재, 미국의 철수와 또 다른 이슬람 원리주의자 무장 테러 세력인 탈레반에게 아프가니스탄을 넘겨주는 일로 끝났다. 1989년에 소련이 아프가니스탄에서 철수하는 것을 보면서 미국은 무엇을 배웠던 것일까. 자신들은 소련과 다르다고 확신했던 것일까. 역사는 공평하고 냉혹하다.

영화로 **보는 세상**
영어교수 **추천영화 40편**

아르고
Argo, 2012
집에 갑시다

감독 벤 에플렉(Ben Affleck)
각본 크리스 테리오(Chris Terrio)
　　　 토니 멘데즈(Tony Mendez, 영화의
　　　 실제 주인공)
　　　 조슈아 베어맨(Joshuah Bearman)
출연 벤 애플랙(Ben Affleck)
　　　 브라이언 크랜스톤(Bryan Cranston)
　　　 존 굿맨(John Goodman)

석유 때문에 곤경에 빠진 이란

　1979년 11월 4일 이란 주재 미국대사관에 이란 혁명을 지지하는 시위대가 들이닥쳐 대사관 직원 70여 명을 인질로 삼았다. 인질들은 400여 일이 지나 1981년 1월이 되어서 석방되었다.

　이란 시위대가 몰려올 때, 대사관 직원 중 6명은 시위대를 피해 탈출하여 근처에 있는 캐나다 대사관에 10주 정도 비밀리에 머물다가 캐나다 정부의 도움과 CIA의 비밀작전(Operation Canadian Casper)으로 탈출에 성공한다. 영화는 실제 작전에 투입되었던 탈출전문가 CIA 요원 토니 멘데즈(Tony Mendez, 벤 애플랙)의 활약을 기반으로 제작되었다. 중동에서 70년대까지 친서방 정책을 추진하고 미국과도 긴밀한 관계를 유지하던 이란이 어쩌다가 미국과 적대관계가 되었는지를 알기 위해서는 이란의 근대사를 이해해야 한다. 영화 초반부에 간단한 소개가 나온다.

Sahar: (narration) This is the Persian Empire known today as Iran. For 2,500 years, this land was ruled by a series of kings, known as shahs. In 1950, the people of Iran elected Mohammad Mossadeqh, a secular democrat, as Prime Minister. He nationalized British and U.S. petroleum holdings, returning Iran's oil to it's people. But in 1953, the U.S. and Great Britain engineered a coup d'etat that deposed Mossadeqh and installed Reza Pahlavi as shah.

The young Shah was known for opulence and excess. His wife was rumored to bathe in milk while the shah had his lunches flown in by Concorde from Paris. The people starved. The shah kept power through his ruthless internal police; the SAVAK. An era of torture and fear began. He then began a campaign to westernize Iran, enraging a mostly traditional Shiite population.

In 1979, the people of Iran overthrew the shah. The exiled cleric, Ayatollah Khomeini, returned to rule Iran. It descended into score-settling, death squads and chaos. Dying of cancer, the shah was given asylum in the U.S. The Iranian people took to the streets outside the U.S. Embassy, demanding the shah be returned, tried and hanged.

샤르: (해설) 이곳은 이란이라고 알려진 페르시아 왕국이다. 2,500년간 이 땅은 샤(shahs)라고 불리는 여러 왕이 지배했다. 1950년 이란인

들은 민주 인사라고 말할 수 있는 모하메드 모샤데크(Mohammad Mo-sadegh)를 수상으로 선출했다. 그는 영국과 미국이 소유하던 이란 석유 지분을 국유화하여 이란 국민에게 석유를 되돌려 주었다. 그러나 1953년 미국과 영국은 쿠데타를 획책하여 모샤데크를 몰아내고 레자 팔라비(Reza Pahlavi)를 왕으로 세웠다.

새로 임명된 젊은 왕은 풍요함을 누리며 사치스러운 생활을 영위하기 시작했다. 부인은 우유로 목욕하고 왕은 점심을 고속 비행기 콩코드로 파리에서 가져다 먹었다. 국민은 굶주렸다. 왕은 사바크(SAVAK)라고 알려진 잔인한 비밀경찰 조직을 통해 권력을 유지했다. 고문과 공포의 시대가 시작됐다. 그는 대다수 전통 시아파(Shia Islam)로 구성된 이란을 서구화하는 정책을 시작했다.

1979년, 이란 국민은 왕을 권좌에서 몰아냈다. 망명 중이던 아야톨라 호메이니(Ayatollah Ruhollah Khomeini)는 귀국해 이란을 통치하기 시작했다. 구시대의 청산과 처형 등 혼란이 뒤따랐다. 암으로 살 날이 얼마 남지 않은 왕의 망명 신청을 미국은 받아들였다. 이란인들은 미국 대사관저에 모여 왕의 송환을 요구했다. 송환되면 그는 이란으로 돌아와 재판을 받고 교수형에 처해질 것이다.

영화에서 토니 멘데스는 헐리우드 제자자 등의 도움을 받아 캐나다인들이 영화 제작을 위해 이란을 사전 방문한 것처럼 꾸미고 대사관 직원들을 영화 관계자로 위장하여 탈출시키려는 계획을 시작한다. 토니를 도와주는 헐리우드 영화 담당자와 기만술의 본질에 관해 이야기 한다.

John Chambers: I did a movie with Rock Hudson one time. If you wanna sell a lie…

Lester Siegel: You get the press to sell it for you.

존 체임버: 내가 한번은 록 허드슨과 영화를 함께 만든 적이 있는데, 거짓말을 해서 다른 사람들이 믿게 하려면…
레스터 시겔: 언론을 이용해 그들이 떠들게 해야지.

유명한 미남 배우 록 허드슨(Rock Hudson)은 사실 동성애자였는데, 주변에서 언론과 긴밀한 관계를 유지하며 가짜 뉴스를 계속 흘리는 바람에 대부분 사람은 록 허드슨이 사망할 때까지 그가 동성애자라는 사실을 눈치채지 못했다. 언론이 거짓말을 퍼뜨리고 가짜 뉴스를 선동하는데 이용되는 사례를 너무 많이 보는 요즘이다. 사람을 살리기 위한 공작이라면 이해가 가지만 일부 정치인과 재벌, 언론의 이익을 위해 그렇게 한다면 이는 참 문제가 많다.

나를 믿어요. 집에 데려다 줄게요

이란으로 잠입한 토니는 미국인 대사관 직원들을 캐나다 영화 관계자로 보이기 위해 훈련을 한다.

Tony Mendez: (quizzing the house guests about their cover identities) You. Where was your passport issued?
Bob Anders: Vancouver.
Tony Mendez: Where were you born?
Bob Anders: Toronto.

Tony Mendez: (correcting him) "Torono." Canadians don't pronounce the "t."

Lee Schatz: Some Komiteh guard is actually gonna know that?

Tony Mendez: If you're detained for questioning, they will bring in someone who knows that, yes.

▶▶⏸

토니: (가짜 신분에 대한 테스트) 당신 차례입니다. 여권은 어디서 발행되었나요?

밥 엔더스: 벤쿠버요.

토니: 어디 출생이지요?

밥: 토론토요.

토니: "토라노"라고 말하세요. 캐나다 사람들은 토론토에서 마지막 t 발음을 하지 않아요.

리 스와츠: 공항 경비하는 이란 놈들이 실제로 그런 차이를 안다고요?

토니: 만일 체포되어서 심문을 당하면 그 차이를 아는 사람을 데려올 겁니다.

사소한 점에 대한 세심한 준비가 성공과 실패를 가른다. 인생의 여러 일도 마찬가지다. 토니는 다시 한번 강조한다.

Tony Mendez: The only way this works is if you believe that you're these people so much that you dream like them.

▶▶⏸

토니: 이런 일이 성공하려면 여러분이 가짜로 꾸미는 사람들과 똑같은 꿈을 꿀 정도로 당신이 실제 그 사람들이라고 믿어야 합니다.

이들은 공항을 무사히 통과해 이란을 빠져나와 미국으로 돌아왔다. 물론 모든 공로는 캐나다 정부로 돌아가고 미국의 개입은 전혀 드러나지 않았다. 이 작전은 1997년 비밀 해제될 때까지 철저하게 비밀에 부쳐졌다.

이렇게 탈출한 6명을 제외한 나머지 인질들이 억류된 지 5개월이 지난 1980년 4월 미국은 특수부대를 이용한 인질 구출 작전(독수리 발톱, Eagle Claw)을 시작했다. 그러나 헬기가 사막에서 추락하는 바람에 작전은 시작도 하지 못하고 실패한다. 실패의 가장 큰 원인은 해상 작전에 쓰는 헬기를 사막 작전용 정비도 하지 않고 투입했기 때문이다. 세계 최강 군사 대국인 미국이 벌인 일이라고 믿기 어려울 정도로 허술하기 짝이 없다.

미국과 서방 세계의 석유와 부의 공급원이었던 중동은 이스라엘과 갈등, 테러리즘, 민족자결주의 물결을 겪으며 기존의 세계질서와 엄청난 갈등을 일으키고 있다. 우리는 그 갈등과 긴장 속에 요동치는 세상 속에서 살고 있다. 현실을 잘 중시하고 우리의 이익과 대의명분을 잘 조절하며 살아가야 하고, 이런 일을 잘 수행하고 우리에게 바른길을 인도할 수 있는 지도자를 선출하고 따라야 한다.

이 사건 당시 대통령이던 지미 카터(Jimmy Carter)는 재선 레이스에 나섰다가 이란 인질 사건이 발목을 잡는 바람에 강경우파 공화당인 레이건(Ronald Reagan) 대통령에게 정권을 내주고 말았다. 도덕과 인권을 강조한 침례교 집사 출신 훌륭한 인격의 대통령이었지만 비정한 국제 정치가 그의 발목을 잡고 늘어선 셈이다.

본 아이덴티티
The Bourne Identity, 2002
나는 누구인가

감독	더그 리만(Doug Liman)
각본	토니 길로이(Tony Gilroy)
원작	로버트 러들럼(Robert Ludlum)
출연	맷 데이먼(Matt Damon)

권력은 포기하지 않는다

권력은 커지려고 하지 결코 스스로 작아지려고 하지 않는다. 정치 권력은 스스로 자신의 힘을 줄이려 하지 않는다. 그것이 그들의 존재 이유 그 자체이기 때문이다. 권력에서 중요한 것은 대의명분이나 윤리성이 아니라 안정된 정치 실서를 창출하는 능력이다. 이것이 미기이벨리(Niccolò Machiavelli), 토마스 홉스(Thomas Hobbes) 등 정치학자들이 밝힌 권력의 핵심이다. 현대 민주주의는 한 기관의 권력이 확대 재생산되는 현상을 막기 위해 행정부와 입법부, 사법부 사이의 견제와 균형의 원칙을 유지하려고 노력한다. 하지만 국가라는 거대 권력이 힘과 능력을 사용해 이 균형을 왜곡하거나 속이면 누가 이들을 막을 수 있을까.

위대한 작가 조지 오웰(George Orwell)은 명저 〈1984〉에서 권력의 속성을 설파했다.

Power is in tearing human minds to pieces and putting them together again in new shapes of your own choosing.

The masses never revolt of their own accord, and they never revolt merely because they are oppressed. Indeed, so long as they are not permitted to have standards of comparison, they never even become aware that they are oppressed.

▶ ▶ ॥

권력은 사람의 생각을 조각조각 내어서 당신과 권력자가 원하는 새로운 모양으로 다시 만드는 일이다.

대중은 스스로 일어서는 법이 없어서 억압받고 있다고 항의하는 법도 없고, 사실 비교할 수 있는 기준만 주지 않으면 억압받고 있다는 사실조차 알아차리지 못한다.

그리고 이 무서운 말이 소설 전체를 관통한다.

Big Brother is watching You.

▶ ▶ ॥

누군가 항상 너를 감시하고 있다.

2002년 같은 이름의 소설 〈로버트 러들럼(Robert Ludlum)〉을 영화한 〈본 아이덴티티(Bourne Identity)〉는 국가의 권력을 유지하기 위해 이용된 한 인간이 그 권력과 투쟁하는 내용을 담고 있다. 후에 제작된 〈본 슈프

리머시(Bourne Supremacy)〉, 〈본 얼티메이텀(Bourne Ultimatum)〉과 더불어 스릴러 장르의 명작이다.

국가의 특수 임무, 주로 암살을 위해 개조되고 훈련된 제이슨 본(Jason Bourne)은 슈퍼맨에 가까운 신체와 인지 능력을 보유하게 되었다. 하지만 이 개조 작업의 후유증으로 과거의 기억을 모두 상실한다. 임무 수행 중 바다에 빠졌지만, 어부들의 도움으로 겨우 살아남은 제이슨 본은 우연히 만난 여인 마리(Marie)의 도움을 받으며 자신의 정체에 대해 조금씩 파악하기 시작한다.

우리한테 무슨 짓을 한 거야

한편 미국 정부는 제이슨 본을 살려두기에는 너무나 위험한 인물로 간주하고 제거하기 위한 암살자를 계속 보낸다. 평소에 교수직을 하며 자신의 신분을 감추고 있는 코드명 프로페서(The Professor)라는 자신과 똑같이 개조된 암살자를 제압하자, 그는 죽기 전에 의미심장한 말을 남긴다.

The Professor: Look at this. Look at what they make you give.

▶ ▶ ❚❚

암살자: 자, 보라고. 그놈들이 우리한테 무슨 짓을 하게 만들었는지.

영화 마지막에 이 프로젝트를 주도했던 CIA 담당 국장 콘클린(Conklin)을 찾아가 자신의 결정을 통보한다.

Jason Bourne: I don't want to do this anymore.

Conklin: I don't think that's a decision you can make.

Jason Bourne: Jason Bourne is dead, you hear me? He drowned two weeks ago. You're gonna go tell 'em that Jason Bourne is dead, you understand?

Conklin: Where are you gonna go?

Jason Bourne: I swear to God, if I even feel somebody behind me, there is no measure to how fast and how hard I will bring this fight to your doorstep. I'm on my own side now.

제이슨 본: 이제 이 짓은 그만할 거야.

콘클린: 그런 결정을 네가 할 수 있는 것이 아니야.

제이슨 본: 이제 제이슨 본은 죽었다고. 알아듣겠어? 두 주 전에 익사했다고. 가서 제이슨 본은 죽었다고 통보하라고, 알아듣겠어?

콘클린: 이제 어디 가려고?

제이슨 본: 내가 이제 정말 확실하게 말하는데, 누가 나를 따라오는 것을 알아차리면 내 힘을 다해 너희들이 알아차리기도 전에 너희들과 전쟁을 시작할 거야. 이제 누구도 나를 조정하지 못해.

CIA가 제이슨 본을 포기할까. 그럴 리가 없다. 권력은 포기를 모른다. 권력이 있는 자들은 이 권력이 영원할 줄 알고 또 권력의 추종자들이 너무 많기에 추종자들에게 얼마든지 험한 일을 시킬 수 있다. 한번 권력의 무한한 능력과 달콤한 보상을 맛본 후에는 포기가 없다. 그들은 제이슨 본을 끝없이 추적한다.

니콜라스 케이지　　　　　에단 호크

모든 전쟁은 그로부터 시작된다!

LORD OF WAR
로드 오브 워

로드 오브 워
Lords of war, 2005
폭력은 본능인가 훈련인가

감독, 각본　앤드류 니콜(Andrew Niccol)
출연　니콜라스 케이지(Nicolas Cage)
　　　　이탄 호크(Ethan Hawke)

각종 무기 싸게 팝니다

'죽음의 상인'이라 불리었던 불법 무기상인 유리 올로프(Yuri Orlov. 니콜라스 케이지)가 주인공이다.

실제 전설적인 무기상 빅토르 부트(Victor Boot)의 이야기가 영화의 모티브다. 빅토르는 1990년 초 소련 붕괴 이후 우크라이나군의 장비를 시에라리온(Sierra Leonean) 내전 때 팔아 떼돈을 벌었던 인물로 2000년 초 미국 정부가 체포했다.

영화에서 올로프는 소련군에서 흘러나온 무기를 아프리카에 팔아 큰 돈을 벌고 전쟁의 신이라는 별명을 얻는다. 명성에 걸맞게 금액만 맞는다면 세계의 독재자, 전쟁광, 무기 밀거래상 등 상대를 가리지 않고 거래한다. 올로프는 모든 거래에서 자신만의 탁월한 협상력을 자랑하며 승승장구하고, 이 때문에 인터폴(INTERPOL, 국제형사경찰기구) 요원 잭 발렌타인(이단 호크, Ethan Hawke)의 집요한 추적을 받아 결국 체포되지만, 미국 정부 요원의 도움으로 빠져나왔다.

영화에서 올로프를 도와주고 체포되었을 때 풀어주는 인물의 이름은 올리버 서던(Oliver Southern) 대령이다. 이 인물은 실제 80년대 미국 레이건 정부 시절 니카라과의 공산당 정부와 싸우는 반군의 자금 지원을 위해 적대국이었던 이란에 무기를 밀매했던 올리버 노스(Oliver North) 대령을 모델로 하고 있다. 노스와 사우스를 말장난 하듯이 바꾸어가면서 새로운 이름을 만들었다. 올리버 노스 대령은 불법 행위를 저질렀지만, 공산당을 섬멸하기 위해서는 불법도 상관없다는 미국 극우파들에게는 영웅 취급을 받았다.

영화에서 올로프는 자신이 아니더라도 누군가는 무기를 팔 것이라고 주장했다.

Yuri Orlov: There are over 550 million firearms in worldwide circulation. That's one firearm for every twelve people on the planet. The only question is: How do we arm the other 11?

▶) ▶) II

올로프: 현재 전 세계에 유통되는(90년대) 총은 5억 5천만 개 정도이고 이 숫자라면 12명 중 한 명은 무기를 보유하고 있다는 이야기다. 그렇다면 이렇게 물어볼 수 있다. 총이 없는 나머지 11명에게는 어떻게 총을 공급해야 하나?

유리 올로프의 주 무기 공급 시장은 가장 가난한 대륙 아프리카였다.

Yuri Orlov: (Narrating) the primary market was Africa, Eleven major conflicts involving twenty three countries in less than a decade. A gunrunner's wet dream. At the time the West couldn't care less, they had a white war in what was left of Yugoslavia.

▶▶❙❙

유리 올로프: 가장 중요한 시장은 아프리카다. 23개 나라가 지난 10년간 11건 이상의 전쟁을 벌이고 있다. 무기 판매상의 꿈의 시장이다. 당시 서구 세계는 신경 쓰지도 않았다. 유고슬라비아에서 백인들의 전쟁을 벌이느라 정신없었다.

영화 마지막에 유리는 자신이 하는 일이 계속될 수밖에 없다고 주장했다.

Yuri Orlov: (last lines, to the camera) You know who's going to inherit the Earth? Arms dealers. Because everyone else is too busy killing each other.

▶▶❙❙

유리 올로프: 누가 지구상에서 마지막까지 살아남을 것인지 알아? 나같은 무기 판매상이야. 왜냐하면 다른 사람들은 서로 죽이느라 정신이 없기 때문이지.

아무도 우리를 막지 못해

　사람의 욕망과 본능을 통제하지 못하면 어떤 일이 벌어지는지 잘 보여주는 예가 미국의 총기 소지다. 헌법에 보장된 권리라고 주장하며 미국 총기협회(NRA)에서 정부의 통제를 막고 있는 결과가 아래에서 보는 총기 사고다. 한해 2만 명 이상이 총과 관련되어 목숨을 잃고 있다.

GVA – SIX YEAR REVIEW	2014	2015	2016	2017	2018	2019
Deaths – Willful, Malicious, Accidental	12,418	13,537	15,112	15,679	14,789	15,208
Suicides by Gun	21,386	22,018	22,938	23,854	24,432	PENDING
Injuries – Willful, Malicious, Accidental	22,779	27,033	30,666	31,265	28,233	29,501
Children [age 0–11] Killed or Injured	603	695	671	733	670	692
Teens [aged 12–17) Killed or Injured	2,318	2,695	3,140	3,256	2,869	3,068
Mass Shooting	269	335	382	346	337	417
Murder–Suicides	624	530	549	608	621	614
Defensive Use [DGU]	1,531	1,393	2,001	2,107	1,888	1,547
Unintentional Shootings	1,605	1,969	2,202	2,039	1,662	1,837

Number of Deaths, Injuries, Children, Teens killed/injured [actual numbers]
Mass Shooting Murder–suicides, Defensive Use. Unintentional Shooting [number of incident]
Suicide numbers supplied by CDC End of Year Report [actual numbers]

@gundeaths
www.gunviolencearchive.org
www.facebook.com/gunviolencearchive ©2020 – GUN VIOLENCE ARCHIVE GVA

〈총기 관련 사망자 수 통계〉

　미국에서 총기 소유가 허용되는 근거는 1789년 제정된 수정 헌법 제2조다.

A well regulated Militia, being necessary to the security of a free State, the right of the people to keep and bear Arms, shall not be infringed.

▶ ▶ ⏸

엄격하게 통제되는 민병대는 주를 자유롭게 지키기 위한 안보에 필수 적이므로, 무기를 소지하고 휴대할 수 있는 국민의 권리를 침해해서 는 안 된다.

미국 건국 초기만 해도 민병대는 각 주를 지키는 중요한 역할을 했고 이를 위해 총기가 필요했다. 이후 서부 개척시대에는 원주민 인디언이나 무법자들과 또 싸워야 했다. 자신과 가족을 보호하기 위해 총기를 소유 하는 것을 법으로 인정한 것이다.

미국은 영국과 독립전쟁을 통해 독립한 국가이고, 건국 초기에 원주민 들이나 무법자들과 분쟁을 겪었으니 생명과 안전을 위해 총기를 소유하 고 사용하는 일은 이해되는 측면이 있다. 그러나 치안이 보장되고 막강 한 군대와 경찰력이 존재하는 현대까지 자유롭게 무기를 소유하는 일 은 이성적으로 보이지 않는다.

건국 초기와 비교해 보아도 인구도 비교되지 않을 만큼 많아졌으며 구성원 간의 이해도 첨예하게 충돌될 우려가 있다. 정신적으로 이상이 있는 사람이 많아지는 이때에도 무기 소지가 허용되는 이유는 미국 총 기협회(NRA)의 막강한 영향력 때문이다. 위에 언급된 레이건 대통령 시 절 무기 밀수출을 주도했던 올리버 노스(Oliver North)도 2018년부터 2019 년에 NRA 회장을 역임했다. 총기협회는 미 의회를 상대로 막강한 자금력을 동원하여 무기 판매 및 소지 등을 제재하는 법률 제정에 반대하는 로비 활동을 활발하게 전개하고 있다. 집단의 이기심이 세계 최강국이며 민주주의 리더 국가가 가장 큰 총기 사고 국가로 기록되는 모순을 만들고 있다.

플래툰
Platoon, 1986
전쟁으로 아무것도 바꿀 수 없다

감독, 각본 올리버 스톤(Oliver Stone)
출연 톰 베린저(Tom Berenger)
윌렘 대포(Willem Dafoe)
찰리 쉰(Charlie Sheen)

이길 수 없는 전쟁

영화 〈플래툰(Platoon)〉의 총제작비는 600만 달러다. 북미에서만 1억 3,900만 달러를 벌었다. 이는 지금은 사라진 오라이언(Orion) 영화사의 역대 두 번째 흥행 작품이다. 첫 번째 영화 〈늑대와 춤을(Dances with Wolves)〉은 1억 8,450만 달러를 벌었다.

미국 근대 역사에서 베트남 전쟁(1964~1973)만큼 미국 사람에게 큰 상처를 주고 국가의 분열을 초래한 사건은 드물다. 미국은 한국전(1950~1953)을 제대로 마무리하지 못하고 북한에 소련과 중국의 지원을 받는 공산주의 정권이 세워지는 것을 겪었다. 1954년 프랑스에서 이제 막 독립한 베트남이 공산화되는 것을 막기 위해 베트남 전쟁에 개입한다. 한국전이 소련과 중국 대 미국의 대리전이었듯이, 베트남 전쟁 또한 소련 등 공산국가의 지원을 받는 북베트남과 미국과 미국 우방의 지원을 받는 남베트남의 전쟁이었다. 미군은 전쟁에 참여하여 5만 명 이상 희생되었고 한국군도 5천 명 이상 전사했다.

그러나 부패한 남베트남 정권은 온 나라가 전장이었다. 적과 나를 구분하기 힘든 게릴라전을 전개한 북베트남의 전략 때문에 미국은 성과 없이 젊은이들만 희생되는 현실이 계속되었다. 미국에서도 끝없는 반전 운동과 참전 기피 현상 때문에 전쟁에 대한 지원과 응원도 받지 못하는 그야말로 대의명분도 실익도 없는 전쟁이었다. 물론 전쟁 무기와 물자를 공급한 방위 산업체는 엄청난 이득을 보았다. 베트남은 미군이 철수한 지 2년 후, 1975년 북베트남에 의해 공산화되었다.

이 영화의 감독인 올리버 스톤(Oliver Stone)은 베트남전에 해병대원으로 참전한 경험을 바탕으로 베트남 전쟁 관련 영화를 세 편, 〈플래툰(Platoon)〉, 〈7월 4일생(Born on the Fourth of July)〉, 〈하늘과 땅(Heaven & Earth)〉을 만들었다.

영화에서 가난한 사람들만 징집되어 베트남 땅에 총알받이로 내몰리는 현실이 못마땅했던 크리스 테일러(Chris Taylor, 찰리 쉰 Charlie Sheen)는 다니던 대학까지 그만두고 전쟁에 자원입대한다. 크리스는 국가에 보탬이 되고 싶다는 순수한 마음에 베트남전에 참전한다. 하지만 참혹한 전쟁터의 현실은 군기라곤 전혀 찾아볼 수 없었다. 반쯤 미쳐 있으며 양민 학살도 서슴지 않는 선임들에게 이리저리 치이는 열악한 환경 속에서 악전고투한다. 그나마 선임인 일라이어스 중사(Sgt. Elias, 윌렘 대포 Willem Dafoe) 덕분에 간신히 극복하고 적응해 나간다. 하지만 하나둘 죽어가는 병사들과 숨어 있다가 갑자기 나타나 큰 피해를 계속 주는 베트콩들을 보며 전쟁의 잔혹함을 절실히 깨닫게 된다.

크리스는 첫 전투에서 동료를 잃고, 일라이어스 중사와 밤하늘을 바라보며 대화를 나눈다.

Sgt. Elias: What happened today was just the beginning. We're gonna lose this war.
Chris Taylor: Come on. You really think so? Us?
Sgt. Elias: We been kicking other people's asses for so long, I figured it's time we got ours kicked.

▶ ▶ ⏸

일라이어스 중사: 오늘 일은 시작에 불과해. 우린 이 전쟁에서 이길 수가 없어.
크리스: 정말이요? 정말 그렇게 생각하세요?
일라이어스 중사: 우린 다른 사람들을 이렇게 오랫동안 괴롭혀 왔잖아. 이제 우리가 당할 차례지.

1986년 이 영화가 한국에서 개봉될 때 "We're going to lose this war" 부분은 자막에서 번역되지 않았다. 또 서의 마지막 부분에서 크리스가 동료 일라이어스 중사를 살해하고, 베트남 양민을 학살했던 미군 중사 반스(Barnes, 톰 베린저 Tom Berenger)를 총으로 쏘는 장면도 삭제되었다. 군부 독재 국가에서는 생각과 표현의 자유가 허락되지 않는다.

영화 마지막에서, 큰 전투 후에 부상당한 크리스가 헬리콥터로 후송되며 혼자 말한다.

Chris Taylor: I think now, looking back, we did not fight the enemy; we fought ourselves. And the enemy was in us. The war is over for me now, but it will always be there, the rest of my days.

▶ ▶ ❚❚

크리스: 뒤돌아 생각해 보니 적과 싸운 것이 아니고 우리 자신과 싸운 것이었어. 적은 우리 안에 있었어. 이제 총 들고 싸우지 않겠지만 내가 사는 동안 이 전쟁은 계속 나에게 남아 있을 거야.

전쟁의 트라우마가 계속 크리스를 따라다닐 것같이 보인다. 전쟁의 참상을 겪은 모든 이들에게 위로를 보내며 이 세상에 다시는 전쟁이 없기를 희망한다. 물론 이 바람은 그냥 바람으로 끝날 것이라는 점도 잘 알고 있다.

국방예산 1,000조

미국 31대 대통령 허버트 후버(Herbert Hoover)가 말했다.

Older men declare the war, but it is youth that must fight and die.

▶ ▶ ❚❚

나이 먹은 사람이 전쟁을 결정하고 젊은이는 전장에서 죽는다.

군인 사망자만 9백만 명 이상이 발생한 제1차 세계대전을 기록한 다큐멘터리 〈그들은 살아남지 못할 거야(They shall not grow old, 2018)〉에서 10대의 어린 병사에게 카메라를 들이대자 손을 흔들며 "엄마, 안녕(HI, Mum)."이라고 말하는 장면이 나온다. 가슴이 울컥한다. 이 병사가 전쟁에서 살아남아 천수를 누렸을지 모르겠다.

아래 통계는 세계 각국이 쓰고 있는 국방비 규모다. 2020년 기준으로 미국의 국방비는 950조로 1위다. 그래서 미국의 별명이 천조국이다. 2위는 중국으로 300조다. 무기를 구입하고 유지하는 것에 왜 이렇게 천문학적인 돈을 사용해야 하는지. 부자 국가들은 자신들의 부유함을 이용해 폭력을 유지하고 있다.

1. United States	$ 770,000,000,000
2. China	$ 250,240,000,000
3. Russia	$ 154,000,000,000
4. United Kingdom	$ 68,000,000,000
5. Germany	$ 50,300,000,000
6. India	$ 49,600,000,000
7. Japan	$ 47,482,740,000
8. South Korea	$ 46,320,000,000
9. Saudi Arabia	$ 46,000,000,000
10. Australia	$ 44,618,000,000

(출처: 위키피디아)

영화로 보는 세상
영어교수 추천영화 40편

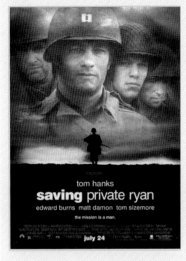

cinema **9**

라이언 일병 구하기
Saving private Ryan 1998
네가 잘나서가 아니야!

감독 스티븐 스필버그(Steven Spielberg)
각본 로버트 로다트(Robert Rodat)
출연 톰 행크스(Tom Hanks)
　　　맷 데이먼(Matt Damon)

전쟁과 우리의 존재 이유

　수많은 히트 영화를 감독 제작한 천재 감독 스티븐 스필버그(Steven Spielberg)가 1998년에 제작한 제2차 세계대전이 배경인 영화다. 전쟁영화는 〈라이언 일병 구하기(Saving private Ryan)〉가 나오기 전과 그 이후로 나누어진다고 할 정도로 이 영화는 전쟁영화 제작 기법이나 내용의 완성도, 영화가 주는 메시지가 대단하다. 이 영화가 개봉된 후 상당한 시간이 흘렀지만, 전쟁영화 '베스트10'에 항상 자리하고 있다. 특히 영화 도입부 노르망디 상륙작전의 촬영은 고정된 카메라가 아니라 카메라를 들고 뛰어다니면서 촬영해 굉장히 사실적이고 긴박해서 실제 전투 경험이 있는 군인들도 큰 충격을 받을 정도다. 전쟁은 무슨 수를 써서도 피해야 한다는 생각이 들게 하는 장면이다. 3년간 군대 생활을 하면서도 사실 내가 군대 있는 동안만이라도 제발 전쟁은 일어나지 않기를 바랐다.

영화에서 미 육군 밀러 대위(Miller, 톰 행크스 Tom Hanks)는 많은 부대원을 잃는 희생을 치르고 노르망디 상륙작전에서 임무를 완성한다. 그러나 그에게 육군 참모총장이 임무를 부여한다. 아이오아주(Iowa State)의 라이언(Ryan) 4형제가 모두 참전했는데 그중 위로 3형제가 전사하고 막내 제임스 라이언 일병(James Ryan, 맷 데이먼 Mat Damon)만 남는다. 밀러 대위에게 주어진 임무는 라이언 일병을 구해 가족에게 돌려보내는 일이다. 밀러 대위는 8명의 부하를 이끌고 라이언을 찾으러 간다. 라이언 일병이 있을 것으로 추정되는 장소인 르멜(Rumelle)로 이동 중에 독일군의 기습 공격으로 부하들이 희생당한다. 그중 한 명인 레이벤(Reiben) 일병이 강력하게 반발한다. 전쟁에 투입된 것은 같은데 왜 라이언만 구조해야 하고, 또 그 때문에 왜 우리가 이렇게 희생되어야 하느냐고. 분위기가 험악해지자 밀러 대위는 그동안 아무에게도 하지 않았던 개인적인 이야기를 털어놓는다.

Captain Miller: I'm a schoolteacher. I teach English composition··· in this little town called Adley, Pennsylvania. The last eleven years, I've been at Thomas Alva Edison High School. I was a coach of the baseball team in the springtime. Back home, I tell people what I do for a living and they think well, now that figures.
But over here, it's a big, a big mystery. So, I guess I've changed some. Sometimes I wonder if I've changed so much my wife is even going to recognize me, whenever it is that I get back to her. And how I'll ever be able to tell her about days like today. Ah, Ryan. I don't know anything about Ryan.

I don't care. The man means nothing to me. It's just a name. But if⋯ You know if going to Rumelle and finding him so that he can go home. If that earns me the right to get back to my wife, then that's my mission.

(to Private Reiben)

Captain Miller: You want to leave? You want to go off and fight the war? All right. All right. I won't stop you. I'll even put in the paperwork. I just know that every man I kill the farther away from home I feel.

밀러 대위: 나는 전쟁 전에 학교 선생이었어. 펜실베이나주 작은 마을 애들리에서 영어 쓰기를 가르쳤지. 지난 11년간은 토마스 앨바 에디슨 고등학교에 근무했어. 봄에는 학교 야구팀 코치였고. 고향에서는 내 직업이 무엇인지 말하면 사람들이 그렇게 보인다고 말하곤 했지. 그렇지만 이곳에서는 정말 나도 모르겠어. 나도 변한 것 같아. 어떤 때는 이렇게 많이 변하면 나중에 아내에게 돌아가도 나를 알아보기는 할까 하는 의문이 생겨. 그리고 오늘 같은 전투 상황을 아내에게 제대로 설명할 수 있을지 모르겠어. 라이언 일병 말이야. 나도 그놈에 대해 아무것도 몰라. 알고 싶지도 않고. 나에게 의미 있는 이름도 아니고. 그냥 이름일 뿐이잖아. 그런데 말이지 르멜에 가서 라이언을 찾아서 집으로 보내고 나서 나도 고향에 있는 아내에게 돌아갈 수 있는 자격을 얻는 것이라면 이 일이 바로 내 임무인 셈이지.

(레이벤 일병에게)

떠나고 싶다고? 이런 일 말고 전쟁에서 싸우고 싶다고? 좋아, 좋아. 말리지 않을게. 서류도 작성해 줄게. 다만 한마디 말해줄 게 있어. 나는 내가 사람을 한 사람씩 더 죽일 때마다 집에서는 그만큼 더 멀어지고 있다고 느껴.

전쟁은 평범한 영어 교사를 전사로 만들어 외국에서 처음 보는 사람들과 목숨을 걸고 싸우게 만든다. 우리가 태어나서 사는 목적이 남들과 싸우기 위함은 아닐 것인데, 정치와 전쟁은 사람의 본성과 존재 이유마저 왜곡시킨다.

Earn it!

밀러 대위는 부하들과 함께 라이언 일병을 찾는 데 성공하지만, 다시 독일군과 치열한 전투를 벌인다. 라이언은 살아남았지만 밀러 대위와 대부분 부하는 목숨을 잃는다. 숨이 끊어지기 직전에 밀러 대위가 라이언에게 간신히 한마디를 남긴다.

Captain Miller: (weakly mutters something)
Private Ryan: (Lean in closer) What, sir?
Captain Miller: James, earn this… earn it.

▶ ▶ ❚❚

밀러 대위: (거의 들리지 않는 소리로 무언가 말한다)
라이언 일병: (귀를 대며) 뭐라고 하셨나요?
밀러 대위: 우리의 희생을 기억하며 열심히 살게.

"Earn it"이라는 말은 영어로는 의미가 함축되고 멋진 말인데 우리말로 옮기기는 만만치 않다. 해설하자면 "네가 잘나서도 아니고, 이런 혜택을 받을만한 일을 한 적도 없지만, 누군가의 명령으로 다른 사람의 희생을 통해 목숨을 건졌으니, 이제 너도 그 희생에 보답이 될 수 있게 열심히 살아라"라는 말이다. 이 말을 생각할 때마다 생각나는 성경 구절이 있다.

For it is by grace you have been saved, through faith - and this is not from yourselves, it is the gift of God not by works, so that no one can boast(Ephesian 2:8-9).

▶ ▶ ⅠⅠ

여러분은 믿음을 통하여 은혜로 구원을 얻었습니다. 이것은 여러분에게서 난 것이 아니요, 하나님의 선물입니다. 행위에서 난 것이 아닙니다. 그러므로 아무도 자랑할 수 없습니다(예배소서 2:8-9).

내가 구원받은 것은 잘나서도 아니요, 구원받을 만한 큰일을 해서도 아니다. 오히려 그 반대로 살았다. 하지만 선물로 하나님의 구원을 받았으니 평생 은혜 갚으며 살아야 하는데 그렇게 살고 있는지 나를 돌아본다.

영화로 **보는 세상**
영어교수 추천영화 **40편**

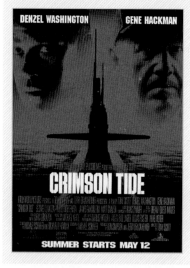

크림슨 타이드
Crimson Tide, 1995
전쟁의 끝은 결국 또 다른 전쟁이다

감독 토니 스콧(Tony Scott)
각본 마이클 쉬퍼(Michael Schiffer)
출연 진 핵크만(Gene Hackman)
덴젤 워싱톤(Denzel Washington)

핵전쟁에서는 모두가 패자다

수많은 군사 영화가 있지만 잠수함 관련 영화는 그렇게 많지 않다. 더구나 많은 사람이 동의하는 잘 만든 잠수함 영화는 드물다. 개인적으로 꼽는 명작 잠수함 영화는 〈영화 특전 U보트(The Boat, Das Boot, 1981, 독일)〉, 〈붉은 10월(The Hunt for Red October, 1990)〉, 〈U-571(2000)〉 등이다. 잠수함 소재 영화는 물속의 잠수함 내부에 갇혀 있는 상황의 제한된 환경에서 영화를 만들기 때문에 좋은 영화를 만들기가 그렇게 쉽지 않다. 그렇지만 〈크림슨 타이드(Crimson Tide)〉는 잠수함 영화 중 수작이다.

러시아에서 발생한 내전 중, 반군 장군이 미국에 핵미사일을 발사를 위협하는 상황이 된다. 미국도 잠수함에서 발사하는 SLBM(잠수함 발사 탄두

미사일, Submarine-launched ballistic missile)을 이용해서 핵미사일을 발사할 수 있는 준비를 한다. 그 와중에 일어나는 일촉즉발의 위기를 소재로 하고 있다.

미국과 러시아를 포함하여 핵을 보유한 9개국이 가지고 있는 핵무기는 전 세계를 수 번이나 멸망시키고도 남을 정도다. 하지만 핵무기를 서로 없애거나 줄이지도 못한다. 내가 적보다 강력한 무기를 많이 가지고 있으면 적이 나를 건드리지 못할 것이라는 억지이론(抑止理論, Deterrence theory) 때문이다. 언제라도 핵전쟁의 위험이 있지만 핵보유국들은 핵무기 보유를 포기할 생각이 없다. 더구나 인류는 1945년에 두 번이나 일본에 핵무기를 사용한 경험이 있다. 인류의 운명을 좌우할 위협을 항상 안고 살아가면서 이를 고치기는 정말 어렵다.

미국 시카고대학에서 1947년에 고안해 낸 핵 위협 경고 운명의 날 (Doomsday) 시계에도 2020년 현재가 가장 큰 위협인 자정에 거의 근접해 있다(https://thebulletin.org/doomsday-clock).

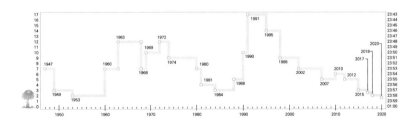

〈핵 위협 경고 운명의 날(Doomsday), 1947~2020〉

2017년: 23시 57분 30초

국가주의의 부활과 트럼프 대통령의 당선, 그리고 트럼프 대통령의 기후 변화 내용으로 30초 앞당겼다. 최초로 초 단위를 사용하였으며, 또한 1953년 이래 제일 가까운 시간이다.

2018년: 23시 58분

북한이 지난해 핵무기 프로그램에서 상당한 진전을 이룬 것과 미국과 북한의 과장된 비난과 도발적인 행동이 오판이나 사고에 의한 핵전쟁 가능성을 키우고 있다.

2020년: 23시 58분 20초

세계 지도자들이 핵전쟁과 기후 변화의 위협에 대처하는 데 실패했다. 1953년과 2018년을 넘어 자정에 가장 근접하다.

제발 싸우지 말자

영화에서 필요하면 언제든지 전쟁도 할 수 있다는 램지 함장(진 핵크먼, Gene Hackman)과 이성적인 군인 헌터 부함장(덴젤 워싱턴, Denzel Washington) 간에 전쟁의 본질에 관한 대화가 오간다.

Ramsey: "War is a continuation of politics by other means." Von Clausewitz.
Hunter: Yes the purpose of war is to serve a political end but the true nature of war is to serve itself. I just think that in the nuclear world the true enemy can't be destroyed. In the nu-

clear world, the true enemy is war itself.

▶ ▶ ||

램지 함장: 클라우스비츠(klauswitz, 19세기 철학자, 〈전쟁론 On War〉의 저자)에 따르면 전쟁은 정치를 영속시키는 수단이네.

헌터 부함장: 예, 전쟁의 목적은 정치 수단의 달성이지만 전쟁은 결국 전쟁 자체로서 존재합니다. 핵전쟁 시대에 진정한 적은 파괴할 수 없습니다. 핵전쟁 시대에 전쟁의 진정한 적은 전쟁 자체입니다.

크림슨 타이드는 핵미사일을 발사하라는 긴급 명령 전문을 받았다. 그 명령을 규정에 따라 처리하고 있을 때 또 다른 명령 전문이 도착하지만, 그 순간 러시아 잠수함의 공격을 받는 바람에 통신이 고장 나고 전문을 확인하지 못했다. 램지 함장은 망설일 시간이 없으니 핵미사일을 발사하려고 하고, 헌터 부함장은 최종 전문을 확인한 후에 조치를 취하자고 충돌한다. 이제 마지막 희망은 통신을 신속하게 복구하는 일이다. 헌터 부함장은 열심히 기기를 수리하고 있는 통신병에게 달려간다.

Hunter: (asking about the radio repair) How long's it gonna take?

Vossler: I don't know, sir.

Hunter: You know what's going on here?

Vossler: Yes sir.

Hunter: No I don't think you do. Let me explain it to you. If we launch, and we're wrong, what's left of Russia is gonna launch at us. There will be a nuclear holocaust beyond imagination, now it's all about knowing, Mr…

Hunter: Vossler. We have to know whether our order to

launch has been recalled or not. The only way we're gonna know, is if you fix that radio, you understand?

▶ ▶ ❚❚

헌터 부함장: (통신기기 수리에 대해 묻는다) 얼마나 걸리겠나?

통신병: 모르겠습니다.

헌터 부함장: 지금 상황이 어떤지는 알고 있나?

통신병: 알고 있습니다.

헌터 부함장: 아니 모르고 있는 것 같은데. 설명할 테니 잘 들어. 만일 우리가 미사일을 발사했는데 잘못 발사한 거라면, 당연히 러시아도 우리에게 미사일을 발사하겠지. 상상할 수 없이 엄청난 희생의 핵전쟁이 발생하는 거야. 이점을 분명히 알아야 해. 미사일 발사 명령이 취소되었는지 아닌지 확실히 알아야 해. 우리가 알 수 있는 유일한 방법은 귀관이 통신 장비를 수리하는 일이야. 알겠나?

영화에서는 아슬아슬하게 핵 공격 명령을 취소한 전문을 확인하여 극적으로 핵전쟁을 피한다. 세계를 멸망시킬 수도 있는 핵 공격이 몇 사람의 결정으로 시작될 수 있다는 점이 참으로 섬뜩하다. 미국 대통령 곁에는 핵무기 풋볼(Nuclear football)이라고 불리는 핵무기 발사를 명령할 수 있는 코드와 서류가 담긴 핵 가방을 든 장교가 항상 함께 다닌다. 참고로 러시아 대통령의 핵 가방은 체게트(Cheget)라고 부른다.

핵전쟁이 나면 우리 모두 살아남지 못한다. 정치와 욕심 때문에 우리 후손들에게 전쟁이라는 큰 위협을 주는 경우가 생기지 않기를 바랄 뿐이다.

영화로 보는 세상
영어교수 추천영화 40편

영화로 보는 세상

영어교수 추천영화 40편

영화로 보는 세상
영어교수 추천영화 40편

Chapter 04

그래도 사랑은 남는다

네 번의 결혼식과 한 번의 장례식
Four Weddings and a Funeral(1994)
후회하지 않는 결혼

감독 마이클 느웰(Mike Newell)
각본 리차드 커티스(Richard Curtis)
출연 휴 그랜트(Hugh Grant)
　　　앤디 맥도웰(Andie MacDowell)
　　　제임스 프리트(James Fleet)

　〈네 번의 결혼식과 한 번의 장례식(Four Weddings and a Funeral)〉은 영국 영화다. 〈러브 액츄얼리(Love Actually)〉, 〈어바웃 타임(About time)〉 등의 각본을 쓰고 감독한 리처드 커티스(Richard Curtis)가 각본을 쓰고 마이크 뉴웰(Mike Newell)이 감독한 1994년 코미디 영화다. 네 번의 결혼식과 한 번의 상례식을 소재로 친구들의 우정과 연인들의 사랑과 아픔을 그린 역작이다. 영국식 유머가 익숙지 않아 당황스러울 수도 있지만 두 번 정도 보고 나면 웃음 속에서도 깊은 감명을 느낄 수 있는 명작이다.

　어느 초등학생이 "이혼의 주된 이유는 무엇인가?"라는 질문에 "결혼"이라고 답했다고 한다. 한국도 하루 300쌍 정도가 이혼하고, 결혼한 1,000명 중 2명 이상이 이혼한다는 것이 공식 통계다. 결혼 생활 20

년 이상의 이혼이 전체 이혼의 1/3 이상으로 가장 많다는 사실도 놀랍다. 이혼할 거면 왜 힘들게 결혼을 하는 것일까. 영화에서 주인공 찰스(Charles, 휴 그랜트 Hugh Grant)는 친구 가렛(Gareth)과 함께 '왜 사람들이 결혼하는가'에 대해 토론한다.

Gareth: I've got a new theory about marriage. Two people are in love, they live together, and then suddenly one day, they run out of conversation.

Charles: Uh-huh.

Gareth: Totally. I mean they can't think of a single thing to say to each other. That's it: panic! Then suddenly it-it occurs to the chap that there is a way out of the deadlock.

Charles: Which is?

Gareth: He'll ask her to marry him.

Charles: Brilliant! Brilliant!

Gareth: Suddenly they've got something to talk about for the rest of their lives.

Charles: Basically you're saying marriage is just a way of getting out of an embarrassing pause in conversation.

Gareth: The definitive icebreaker.

▶ ▶ ⅠⅠ

가렛: 결혼에 대해 새로운 이론이 있어. 두 사람이 사랑에 빠지고 함께 지내다가 어느 날 갑자기 이야깃거리가 떨어진 거야.

찰스: 맞아. 그럴 수도 있지

가렛: 할 말이 하나도 없는 거야. 서로에게. 충격에 빠지게 되지. 그러다가 이 난국을 벗어날 방법이 생각나는 거야.

찰스: 그게 바로…

가렛: 남자가 여자에게 결혼하자고 청혼을 하는 거야.

찰스: 말이 되네.

가렛: 이제 두 사람은 평생 함께할 이야깃거리가 생기게 되는 거지.

찰스: 그러니까 네 말은 결혼이란 둘이 이야기할 거리가 떨어졌을 때 이를 빠져나올 방법이라는 이야기지?

가렛: 그렇지. 두 사람의 어색함을 깰 좋은 방법이지.

찰스는 여자는 잘 사귀지만 실제로 결혼할 생각은 하지 않는다. 그러다가 자신의 행동에 회의를 느끼고 현명한 친구 매튜에게 질문한다.

Charles: Why am I always at, uh, weddings, and never actually getting married, Matt?

Matthew: It's probably 'cause you're a bit scruffy. Or it could also be 'cause you haven't met the right girl.

Charles: Ah, but you see, is that it? Maybe I have met the right girls. Maybe I meet the right girls all the time. Maybe it's me.

▶ ▶ ⅠⅠ

찰스: 매튜, 내가 결혼 생각은 많이 하는데 실제로 결혼하지 않는 이유는 뭘까?

매튜: 네 성격이 조금 까칠해서 그런 것 아닐까? 아니면 너에게 딱 들어맞는 여자를 아직 못 만나서?

찰스: 그래. 그런데 혹시 이런 것은 아닐까? 내가 나에게 가장 잘 맞는 여자를 이미 만났는데 내가 몰랐다면? 그런 여자를 수도 없이 만났다면? 문제는 나에게 있는 것이 아닐까.

찰스는 친구가 많아 거의 매주 결혼식에 참석한다. 결혼식에서 축하 연설을 하며 결혼에 대한 자신의 생각을 밝힌다.

Charles: I would just like to say this. I am, as ever, in bewildered awe of anyone who makes this kind of commitment that Angus and Laura have made today. I know I couldn't do it and I think it's wonderful they can.

찰스: 이 말을 하고 싶습니다. 저는 결혼하겠다고 마음먹는 사람들을 볼 때마다 항상 어리둥절하기도 하고 놀랍기도 합니다. 저는 이제까지 이런 결정을 내리지 못했습니다. 이런 결단을 하는 사람들은 정말 대단합니다.

결혼에 회의적이고 결정을 못 내리던 찰스에게 정말로 좋아하는 여자 (캐리 Carrie, 앤디 맥도웰 Andie MacDowell)가 생겼다. 그런데 캐리는 이혼녀이고 미국인이다. 찰스는 결국, 마음을 못 정하고 다른 여자와 결혼식을 올리다 말고 갑자기 결혼식장을 뛰어나가 쏟아지는 비를 맞으며 캐리를 만나러 간다.

Charles: There I was, standing there in the church, and for the first time in my whole life I realised I totally and utterly loved one person. And it wasn't the person standing next to me in the veil. It's the person standing opposite me now… in the rain.
Carrie: Is it still raining? I hadn't noticed.

찰스: 교회에서 결혼식을 올리면서 서 있는데, 살면서 정말 처음으로 어떤 사람을 그냥 무작정 사랑한다는 것을 깨달았어. 그런데 그 사람은 결혼을 올리려고 면사포를 쓰고 내 옆에 서 있는 사람이 아니라, 지금 비를 맞으며 내 앞에 서 있는 사람이야.

캐리: 지금 비가 오나요? 몰랐어요.

찰스와 캐리 두 사람이 아무런 문제 없이 백년해로(百年偕老)를 할 수 있을까. 그건 모를 일이다. 하지만 중요한 점은 결혼은 '결정'이다. 그런데 그 결정은 쉽게 내릴 수 있는 것이 아니다. 커다란 힘이 개입되어야 한다. 이 세상을 만들고 사람의 행위와 결정을 보고 판단하시는 하나님의 말씀에서 해답의 실마리를 찾는다.

And he answered and said unto them, Have ye not read, that he which made them at the beginning made them male and female, And said, For this cause shall a man leave father and mother, and shall cleave to his wife: and they twain shall be one flesh? Wherefore they are no more twain, but one flesh. What therefore God hath joined together, let not man put asunder(Matthew 19: 4-6).

▶ ▶ ❚❚

예수께서 대답하여 이르시되, 사람을 지으신 이가 본래 그들을 남자와 여자로 지으시고 말씀하시기를, 그러므로 사람이 그 부모를 떠나서 아내에게 합하여 그 둘이 한 몸이 될지니라 하신 것을 읽지 못하였느냐? 그런즉 이제 둘이 아니요, 한 몸이니 그러므로 하나님이 짝지어주신 것을 사람이 나누지 못할지니라 하시니(마태복음 19장 4-6).

그냥 우연히 부부가 된 것이 아니라 하나님의 선하신 개입하심이 있다는 말이다. 하나님이 정하신 일을 사람이 마음대로 행동해서는 안 된다. 얼마나 위로와 격려가 되는 말씀인지 모른다. 나의 부족함에도 멋진 아내를 주셨고 둘이 서로 흩어지지 말라고 하셨으니, 하나님의 개입이 아니라면 설명이 되지 않는 점은 확실하다.

2009년 미국을 뒤흔든 최고 흥행작
클린트 이스트우드

그의 위대한 선택이
세상을 울린다

3월 19일 대개봉

그랜 토리노
Gran Torino(2008)
그냥 서로 다른 것 뿐이야

감독 클린트 이스트우드(Clint Eastwood)
각본 닉 쉥크(Nick Schenk)
출연 클린턴 이스트우드(Clint Eastwood)
비 뱅(Bee Vang)
크리스토퍼 칼리(Christopher Carley)

영화 〈그랜 토리노(Gran Torino)〉는 2008년 클린트 이스트우드(Clint East-wood)가 감독과 주연 역할을 동시에 한 영화다. 클린턴 이스트 우드는 배우로서도 큰 명성을 쌓았지만, 감독으로도 밀리언 달라 베이비(Million Dollar Baby, 2004)로 아카데미 감독상을 받는 등 큰 활약을 하고 있다. 그는 정치적으로는 보수이지만 정의로움과 영웅적인 행동을 묘사하여 전형적인 미국의 자부심과 관용 정신을 영화에 담아내고 있다.

영화 그랜 토리노의 무대는 한때 자동차 생산의 중심지였다가 이제는 쇠락하고 있는 미시간주 디트로이트(Detroit, Michigan) 인근이다. 주인공 월트 코왈스키(Walt Kowalski, 폴란드에서 가장 흔한 성이다)는 폴란드계 미국인으로 포드(Ford)사에서 몇십 년간 자동차를 만들다가 이제는 은퇴하여 아내와

사별하고 혼자 살고 있다. 영화 이름인 그랜 토리노는 포드사에서 1972
년 생산한 스포츠형 자동차 이름이다. 오래되었지만 멋진 자동차로 월
트가 애지중지하고 주위의 많은 사람이 탐내는 자동차다.

월트는 한국전(1950~1953)에 참전해 북한군과 중국군과 싸웠다. 집에는
한국전에서 사용했던 M1 소총과 베레타(Beretta) 권총을 소유하고, 필요
하면 언제든지 사용할 준비가 되어 있다. 하지만 전쟁에서 어린 적군을
죽였다는 트라우마를 평생 안고 살고 있다. 이 트라우마를 자신이 돌보
아주던 몽족(Hmong, H는 발음하지 않는다)의 어린 청년 타오(Thao)에게 털어놓
는다.

Walt Kowalski: You wanna know what it's like to kill a man?
Well, it's goddamn awful; that's what it is. The only thing
worse is getting a medal… for killing some poor kid that
wanted to just give up, that's all. Yeah, some scared little
gook just like you. I shot him in the face with that rifle you
were holding in there a while ago. Not a day goes by that I
don't think about it, and you don't want that on your soul.

월트: 사람을 죽이는 일이 어떤지 알고 싶어? 정말 끔찍해서 더 이상
말할 필요도 없어. 더 끔찍한 일은 사람을 죽였다고 훈장을 받는 일이
야. 더 이상 싸울 힘도 없는 어린놈들을 죽이고 나서 말이지. 너만큼
겁에 질린 한국인들을 말이야. 네가 조금 전에 들었던 그 소총으로 얼
굴에 총을 쏘았지. 그 일을 생각하지 않은 날이 없었어. 누구도 그런
일을 겪고 괴로워하면 안 돼.

국(Gook)은 미국인들이 한국과 필리핀 사람을 낮추어 부르는 말이다. 일본 사람들은 잽(Jap), 중국인들은 칭크(Chink) 또는 쿨리(Coolie) 등으로 부른다. 월트도 백인이 주로 살던 미시간에서 오래 지내다 보니 동양인들을 낮추어 부르는 일이 흔하다. 하긴 백인끼리도 출신 나라에 따라 서로를 낮추어 부르는 말이 있다.

영화 중 '유 덤 폴랙(You dumb Pollack)'이라는 말이 자주 나오는데 여기서 폴랙은 폴란드 사람을 나타내는 말이고, '폴란드 사람들은 멍청하다(dumb)'는 백인들의 인식을 담고 있다. 또 유대인들은 돈을 밝힌다는 오해를 받는데, 이발사 마틴은 이태리 후손인데 월트는 이발료가 비싸다고 생각해서 다음과 같은 농담을 한다.

Barber Martin: That'll be 10 bucks, Walt.
Walt Kowalski: What are you, half Jew?

▶ ▶ ⅠⅠ

이발사 마틴: 월트, 10달러야.
월트: 뭐라고? 자네 절반은 유대인이야?(왜 이리 비싸?)

베트남전(1963~1975) 낭시 베트남과 인근 김보디아에서 살던 소수 민족인 몽족 중 많은 사람이 미군에 협조했다. 전쟁이 끝나고 월남이 공산화된 후 다수의 몽족이 미국이민을 원했고 미국은 자신들을 도운 사람을 버려두지 않고 미국에 수용했다. 이들 중에 많은 수가 미국 중부의 미네소타와 미시간으로 와서 자신들의 커뮤니티를 이루었다.

월트가 사는 동네에도 많은 몽족이 정착했다. 경제적으로 어려운 동네이다 보니 일자리가 많지 않아 히스패닉 흑인 몽족들이 갱단을 만들어 서로 싸우고 갈취한다. 이 중 타오(Tao)라는 몽족 청년을 갱단이 자신들의 일원으로 만들려고 한다. 월터는 타오를 구해주고 자립할 수 있도록 돌보아 준다. 그리고 몽족을 이해하기 위해 노력한다. 타오의 누나인 수(Sue)에게 몽족에 대해 배운다.

Sue Lor: Number one: never touch a Hmong person on the head. Not even a child. The Hmong people believe that the soul resides on the head, so don't do that.

Walt Kowalski: Well⋯ Sounds dumb, but fine.

Sue Lor: Yeah, and a lot of Hmong people consider looking someone in the eye to be very rude! That's why they look away when you look at them.

Walt Kowalski: Yeah. Anything else?

Sue Lor: Yeah⋯ some Hmong people tend to smile or grin, when they're yelled at. It's a cultural thing, it expresses embarrassment or insecurity. It's not that they're laughing at you or anything.

Walt Kowalski: Right, you people are nuts.

▶ ▶ ⏸

수: 무엇보다 몽족은 절대 머리를 만지면 안 돼요. 어린아이도 마찬가지예요. 몽족들은 사람의 영혼이 머리에 머물고 있다고 생각해요. 조심하세요.

월트: 멍청한 이야기지만 좋아.

수: 몽족 중 많은 사람이 눈을 정면으로 바라보면 예의가 없다고 생각해요. 그래서 쳐다보면 그들을 외면하는 거예요.

월트: 좋아. 또 없어?

수: 어떤 사람들은 야단을 치면 웃어요. 문화가 다를 뿐이에요. 부끄러움을 그렇게 표현하는 거예요. 비웃는 것이 아니에요.

월트: 알았어. 정말 이해가 힘든 민족이네.

다른 문화의 이해는 다른 문화가 나의 문화와 다름을 인정하는 것부터 시작한다. 인간관계도 마찬가지다. 남이 나와 다르다는 점을 인정하면 많은 오해와 갈등이 해소된다.

타오에 대한 갱단의 협박이 점점 심해지고 누나인 수를 납치해 폭행까지 한다. 이에 분노한 타오가 총을 들고 갱단에 쳐들어가려 하자 월트는 타오를 속여서 지하실에 가두고 자신이 갱단을 찾아간다. 풀어달라고 소리치는 타오에게 월트가 이야기한다.

Walt Kowalski: (about Korea) We shot men, stabbed them with bayonets, chopped up 17 year olds with shovels. I got blood on my hands, I'm soiled. That's why I'm going it alone tonight.

▶ ▶ ⅠⅠ

월트: 한국전에서 총을 쏘고 칼로 찌르고 베고, 나중에는 삽까지 들고 어린놈들과 싸웠지. 나는 이미 피를 묻힌 사람이야. 나는 죄를 지었어. 그래서 오늘 나 혼자 가는 거야.

사실 월트는 얼마 전 폐암 말기 진단을 받았다. 이대로 두면 타오와 수는 몽족 갱단들에게 살아남지 못한다는 것을 잘 알고 있다. 혼자 갱단에 찾아가 그들이 공개된 장소에서 자신에게 총을 쏘게 하고 강도들은 모두 잡혀간다.

월트의 장례식에 타오와 수는 몽족의 장례식 전통 복장을 하고 참석한다. 월트의 장례식 후 그의 변호사 사무실에 모여 유언장이 공개된다. 집 등 다른 물건이 끝나고 모든 사람이 원하는 그랜 토리노 자동차의 새 주인이 공개된다.

Lawyer: (reading from Walt's will) And I'd like to leave my 1972 Gran Torino to… my friend… Thao Vang Lor. On the condition that you don't chop-top the roof like one of those beaners, don't paint any idiotic flames on it like some white trash hillbilly, and don't put a big, gay spoiler on the rear end like you see on all the other zipperheads' cars. It just looks like hell. If you can refrain from doing any of that… it's yours.

▶ ▶ ⏸

변호사: (월트의 유언장을 읽는다) 그리고 나의 1972년 그랜 토리노는 내 친구인 타오에게 넘긴다. 다만 조건이 있는데 제발 그 비너(beaner, 콩을 많이 먹는 멕시코인들을 조롱하는 말)들처럼 지붕을 개조하지 말고, 그 쓰레기 같은 힐빌리(hillbilly, 미 남부 산악 지대에 사는 가난한 백인을 낮추어 부르는 말)처럼 차에 바보 같은 불꽃 모양 그리지 말고, 아시아 출신들처럼 차 뒤에다 장식을 달지 말기를. 얼마나 보기 싫은지 몰라. 이런 일만 하지 않으면 이 차는 타오 네 것이란다.

언뜻 보면 인종 차별적인 영화 같지만 나와 다른 사람 사이에 화해와 이해를 도모하는 클린트 이스트우드의 멋진 철학이 녹아 있는 수작이다. 그가 감독한 작품 중에서 가장 흥행 성적이 좋은 영화로 기록되고 있다. 영화 마지막에 크린트 이스트 우드의 멋진 노래도 들을 수 있다.

영화로 **보는 세상**
영어교수 추천영화 4ᄆ편

트루먼 쇼
Truman Show,(1998)
누가 누구를 감시한다고?

감독 클린트 이스트우드(Clint Eastwood)
각본 닉 쉥크(Nick Schenk)
출연 클린턴 이스트우드(Clint Eastwood)
　　　비 뱅(Bee Vang)
　　　크리스토퍼 칼리(Christopher Carley)

TV 리얼리티 쇼(reality show)가 큰 인기를 끌고 있다. 연기자가 아닌 일반인이 출연해 특정한 임무를 수행하거나 일반인의 생활을 관찰하면서 흥미를 유발하게 하는 프로그램이다. 미국의 전 대통령 트럼프(Trump)도 2004년부터 취업생을 대상으로 하는 어프렌티스(The Apprentice, 인턴)라는 프로그램을 제작하고 출연해서 "너 해고야!"(You are fired!)라는 유행어를 탄생시키며 인기를 얻었다. 정치인 경력이 전혀 없는 트럼프가 미국 대통령이 되는 믿기 어려운 일의 시작도 이 리얼리티 쇼에서 시작되었다고 볼 수 있다.

저명한 언론인 존 페리타노(John Perritano)는 다음과 같이 리얼리티 쇼를 비판한다.

For many, reality television is the lowest form of entertainment, an insult to our collective intelligence. In their view, reality TV lauds crass behavior and creates a voyeuristic peep show. It glorifies abuse, elevates shallow personalities and promotes dysfunctional relationships.

▶ ▶ ⏸

리얼리티 쇼는 많은 사람에게 가장 저속한 오락이고 우리의 집단 지성에 대한 모욕이다. 리얼리티 쇼는 수준 낮은 행위를 장려할 뿐 아니라 몰래 훔쳐보기 쇼에 지나지 않는다. 출연자에 대한 모욕이며 얄팍한 인간성과 비틀어진 인간관계를 퍼트릴 뿐이다.

사실 18세기 말, 제러미 벤담(Jeremy Bentham)은 최대 다수의 최대 행복이라는 공리주의(Utilitarianism)를 만들어 냈다. 그는 최소한의 비용과 최소한의 감시로 최대의 효과를 누릴 수 있는 판옵티콘(panopticon)을 이상적인 사회의 축소판으로 보았다. 판옵티콘은 이중 원형 건물이다. 중앙에는 원형의 감시탑이 있는데 이곳에 감시자들이 머물게 된다. 감시탑에서는 구석구석 수용실을 훤히 들여다볼 수 있지만, 수용자들은 감시자가 있는지 없는지 또는 감시하는지 하지 않는지 알 수가 없다. 그 결과 수용자들은 감시자가 없어도 감시자의 부재를 알아차리지 못하기 때문에 실제로 감시자가 있는 것 같은 효과를 낸다.

이처럼 판옵티콘은 중앙의 원형 감시탑에서 각 수용실을 단번에 파악할 수 있고, 감시 권력이 자신을 드러내지는 않지만 수용자가 항상 감시당하고 있는 상태다. 즉, 감시자의 존재가 드러나지 않지만 끊임없이 감시되는 상태가 그 핵심이다. 벤담은 판옵티콘의 개념을 감옥과 같은 감시시설에만 국한하지 않았고, 군대의 병영과 병원, 수용소, 학교, 공장

등으로 확대될 수 있다고 보았다.

철학자 들뢰즈(Gilles Deleuze)는 지금 우리가 사는 사회가 푸코(Foucault)의 규율사회를 벗어난 새로운 '통제사회(controlled society)'라고 주장했다. 그에 의하면, 규율사회는 증기 기관과 공장이 지배하며 요란한 구호로 통제되는 사회였지만, 통제사회는 컴퓨터와 기업이 지배하고 숫자와 기호에 의해 통제되는 사회다. 벤담의 판옵티콘이 규율사회에 적합한 감시 메커니즘이라면 정보 판옵티콘은 통제사회에 적합한 감시 메커니즘이라고 할 수 있다.

이 철학자들에 따르면 우리는 리얼리티 쇼를 보고 즐기는 것이 아니라 우리 모두가 이미 서로를 감시하며 즐기는 리얼리티 쇼 안에 살고 있다.

영화 〈트루먼 쇼(Truman Show)〉에서 트루먼이 태어나기도 전에 방송국에 입양되어 인공으로 만든 세트 안에서 태어나고 성장하고 결혼한다. 방송국에서는 이를 트루먼 몰래 촬영하여 전 세계에 방영해 30년간 이 쇼는 엄청난 인기를 누리며 방송국은 엄청난 돈을 벌었다.

트루먼 쇼는 항상 이렇게 시작한다.

TV Announcer: 1.7 billion were there for his birth. 220 countries tuned in for his first step. The world stood still for that stolen kiss. And as he grew, so did the technology. An entire human life recorded on an intricate network of hidden cameras, and broadcast live and unedited, 24 hours a day, 7 days a week, to an audience around the globe.

TV 아나운서: 17억 명이 트루먼의 탄생을 지켜보았습니다. 그의 첫걸음은 220개 국가에서 지켜보았어요. 첫 키스 때는 온 세계가 긴장했지요. 그가 자라면서 기술도 함께 성장했고요. 한 인간의 모든 생애가 치밀하게 구성된 몰래카메라에 녹화되었지요. 하루 24시간 편집 없이 전 세계 시청자에게 방송됩니다.

그러나 세상에 영원히 감추어둘 수 있는 비밀은 없다. 자신이 리얼리티 쇼의 대상이라는 것을 알아차린 트루먼은 탈출을 감행하고 마지막 출입구 앞에 선다. 쇼 제작자인 크리스토프(Christof)는 쇼가 제공하는 편한 환경에 적응한 트루먼이 겁에 질려 험한 세상으로 절대로 나가지 않을 것이라고 확신한다. 그는 중앙 조정실에서 마이크로 트루먼을 마지막으로 설득한다.

Christof: Truman.

Truman Burbank: Who are you?

Christof: I am the creator⋯ of a television show that gives hope and joy and inspiration to millions.

Truman Burbank: Then who am I?

Christof: You're the star.

Truman Burbank: Was nothing real?

Christof: You were real. That's what made you so good to watch.

(Truman turns back to face the door)

Christof: Listen to me, Truman. There's no more truth out there than there is in the world I created for you. The same lies. The same deceit. But in my world, you have nothing to fear. I know you better than you know yourself.

Truman Burbank: (insulted) You never had a camera in my head!

Christof: You can't leave, Truman. You belong here··· with me.

(Truman remains silent, contemplating)

Christof: Talk to me. Say something.

Christof: Well, say something, goddamn it! You're on television! You're live to the whole world!

(Truman turns back with a familiar smile)

Truman Burbank: In case I don't see ya, good afternoon, good evening and good night.

(Truman takes a bow and then steps through the door to Christof's astonishment)

▶ ▶ ⏸

크리스토프: 트루먼?

트루먼: 누구세요?

크리스토프: 나는 수많은 사람에게 희망과 즐거움, 꿈을 선사하는 TV 쇼를 만든 사람이야.

트루먼: 그러면 도대체 나는 누구지요?

크리스토프: 너는 스타지.

트루먼: 진짜는 아무것도 없지요?

크리스토프: 너는 진짜야. 그러니까 사람들이 너를 그렇게 즐겁게 지

켜보았지.

(트루먼은 문으로 향한다)

크리스토프: 트루먼, 바깥세상도 거짓과 속임수로 가득 차 있어. 이곳보다 더하지. 하지만 이곳에선 두려워할 일이 없어. 네가 너를 아는 것보다 나는 너를 더 잘 알고 있어.

트루먼: 내 머릿속에는 카메라를 달지 못했잖아요.

크리스토프: 트루먼, 너는 떠나지 못해. 너는 이곳에 살아야 해, 나와 함께.

(트루먼은 생각에 잠긴다)

크리스토프: 뭐라고 말 좀 해봐. 지금 생중계로 전 세계 사람들이 보고 있단 말이야.

트루먼: (웃으면서) 혹시 나중에 못 볼 수도 있으니 미리 인사할게요. 굿모닝, 굿 에프터눈. 굿 나잇.

(트루먼은 출입문으로 걸어 나가고 크리스토프는 경악스럽다는 표정을 짓고 있다)

어떻게 우리를 얽매이고 있는 속박의 틀에서 벗어날 수 있을까. 다음 성경 구절에서 해답의 실마리를 구할 수 있다.

And ye shall know the truth, and the truth shall make you free(John 8:32).

▶ ▶ ‖

진리를 알지니 진리가 너희를 자유롭게 하리라(요한복음 8:32).

우리가 놓치면 안 되는 중요한 진리가 무엇인지 확실히 알고, 이를 계속 붙잡고 있는 길밖에 없을 것이다.

《프레스트 검프》《캐스트 어웨이》《플라이트》 감독
브래드 피트　　　마리옹 꼬띠아르

얼라이드

"키스해줘요,
그들이 우리를
보고 있어요"

얼라이드
Allied(2016)
사랑할 시간도 없는데

감독　로버트 케미키스(Robert Zemeckis)
각본　스티븐 나이트(Steven Knight)
주연　브래드 피트(Brad Pitt)
　　　　마리옹 코티야드(Marion Cotillard)

　전쟁의 아픔과 희망을 기록한 명화 〈쉰들러 리스트(Schindler List, 1993)〉
에서 오스카 쉰들러(Oskar Schindler)는 제2차 세계대전 중 가장 싼 노동력
인 급료를 줄 필요가 없는 유대인들을 이용해 폴란드에서 군납 공장을
운영하며 많은 돈을 번다. 자신의 부인 에밀리(Emilie)와 나누는 대화다.

Schindler: There's no way I could have known this before,
but there was always something missing. In every business I
tried, I see now it wasn't me that was failing, it was this thing,
this missing thing. Even if I'd known what it was, there's
nothing I could have done about it, because you can't create
this sort of thing. And it makes all the difference in the world

between success and failure.

Emilie: Luck.

Schindler: War.

▶️▶️⏸️

쉰들러: 이런 사실을 예전에는 알 길이 없었지만 항상 무엇인가를 놓치고 있다는 사실을 알고 있었지. 예전에 수많은 사업을 해보았지만 잘되지 않은 이유는 내 탓이 아니었어. 내게는 없는 바로 그것 때문이었어. 사실 내가 그것이 무엇인지 알았다고 해도 내가 어떻게 할 도리는 없었어. 이런 종류의 일을 만들어낼 수는 없기 때문이야. 그런데 중요한 것은 사실 이것 때문에 성공이냐 실패냐 하는 중대한 차이가 생기는 법이거든.

에밀리: 행운인가요?

쉰들러: 아니 전쟁 말이야.

전쟁은 어떤 사람에게는 사업의 성공으로 큰돈을 벌 수 있는 기회의 장이기도 하지만, 대부분의 사람에게는 모든 것을 잃어버릴 수도 있는 비극 그 자체다. 클라우제비츠(Carl Phillip Gottlieb von Clausewitz, 1780~1831)는 명저 〈전쟁론〉에서 전쟁은 다른 수단에 의한 정치의 연속이기는 하지만, 적에게 우리의 의지를 실행하도록 강요하는 폭력행위다. 전쟁은 위대한 영웅과 서사시를 남기는 게 아니라 욕심과 자만에서 탄생하며, 남는 것은 고통과 눈물, 피라고 설파했다. 전쟁은 개인의 삶과 꿈과 인생의 경로를 왜곡시키고 다시 돌이킬 수 없게 파괴한다.

영화 〈얼라이드(Allied)〉에서도 전쟁이 얼마나 모순덩어리이고 회복 불가능한 많은 피해를 사람들에게 안기는지를 잘 그리고 있다. 맥스(Max Vatan)는 제2차 세계대전 초기(1942) 모로코령 카사블랑카(Casablanca)에서 독일 요인 암살 임무를 수행했던 캐나다 공군 소속(영국군 정보부에 파견 근무) 정보장교다. 그는 독일에게 점령당한 프랑스 저항군 출신 마리안느와 함께 성공적 임무를 수행할 후 영국으로 돌아와 전쟁 중이지만 결혼하고 딸(안나)을 낳고 가정을 꾸린다. 하지만 행복도 잠시, 영국 정보국은 마리안느가 저항군을 가장한 독일 첩자임을 밝혀낸다. 맥스는 부인과 가정을 포기할 수 없어 비행기로 탈출을 꾀하지만 잡히고 만다. 체포 직전 마리안느는 맥스와 체포조 앞에서 권총으로 자결하고, 맥스는 간첩 행위를 한 부인을 처형한 것으로 마무리된다. 하늘이 무너지는 슬픔의 맥스이지만 한 살도 되지 않은 딸이 있으니 살아남아야 한다. 아래는 마리안느가 탈출을 시도하기 전에 집에 남겨 둔 딸 안나와 맥스에게 남긴 유서다.

Marianne Beausejour: (in her letter) My dearest Anna, I'm writing this on a Sunday night in London. If you're reading this, then you barely knew me, and may have no memory of who I am. I am your mother. You were born in an air raid in the middle of a war to two people who loved each other. Our year together in the house in the Hamsted has been the happiest of my life. Today you took your first steps. I'm so grateful that I saw you walk for the first time with your father by my side. Max, my love, you are my world. I hope you will be able to forgive me. And I hope you make it to Medicine Hat. I have a picture of it in my mind. And I pray Anna's eyes will see it. My beautiful daughter, I love you with all my heart. I hope you will live your life in peace. I rest knowing that your father will take good care of you. I remain your loving mother,

Marianne Vatan.

▶ ▶ ❚❚

마리안느 보세주르: 가장 사랑하는 안나야. 일요일 밤 런던에서 이 편지를 쓰고 있단다. 네가 이 편지를 읽더라도 나를 알지는 못할 것이고 내가 누구인지 기억도 하지 못할 거야. 나는 네 엄마야. 너는 폭격이 몰아치는 전쟁 중에 서로 사랑하는 두 사람 사이에서 태어났단다. 우리가 햄스테드에서 함께 보낸 지난 일 년은 내 생애에서 가장 행복한 시간이었어. 오늘 너는 생애 첫걸음을 떼었구나. 아빠와 함께 네가 첫걸음을 걷는 장면을 보다니 정말 감사하다. 내 사랑 맥스, 당신은 내 세상 전부예요. 나를 용서해 줄 수 있기 바라요. 캐나다 고향에도 다시 돌아갈 수 있기를 바라요. 내 마음속에 당신 고향의 그림이 항상 있어요. 안나도 꼭 당신의 고향을 볼 수 있기를 기도해요. 내 사랑하는 딸, 내 마음을 다해 너를 사랑한다. 너는 평화 속에서 살기 바란다. 네 아빠가 너를 정말 잘 돌봐줄 것이기에 마음이 놓인다. 나도 계속 너를 사랑할 거야.

인간 세상에 분쟁이 없을 수는 없지만, 인간성을 파괴하며 최신 살상 무기로 상대방을 대량으로 학살하는 이 정신 나간 행위는 이제는 서로 하지 않기로 마음을 모을 수는 없을까. 미움과 전쟁을 평화와 사랑으로 바꾸는 방법은 우리 모두 알고 있지만 실천하지 못하고 있는 현실이 안타깝다. 세상에 사랑할 시간도 모자라는데 싸울 시간이 어디 있단 말인가.

cinema **5**

굿 윌 헌팅
Good Will Hunting(1997)
네 잘못이 아니야

감독 거스 밴 샌트(Gus Van Sant)
각본 벤 애플렉(Ben Affleck)
맷 데이먼(Matt Damon)
출연 맷 데이먼(Matt Damon)
로빈 윌리엄스(Robin Williams)
벤 애플렉(Ben Affleck)

〈굿 윌 헌팅(Good Will Hunting)〉은 제70회 아카데미 시상식 남우 조연상, 각본상 수상작이다.

어린 시절 부친과 입양된 가정에서 학대당한 천재 청년 윌 헌팅(Will Hunting)이 굳게 닫혔던 마음을 열고 타인에게 다가가는 과정을 담은 영화다. 20대의 하버드 대학교 졸업생 맷 데이먼(Matt Damon)과 벤 애플렉(Ben Affleck)이 각본을 쓰고 각기 주연과 조연을 맡아서 더욱 화제를 모았던, 이들 두 사람의 출세작이다. 코미디 배우 이미지가 강했던 로빈 윌리엄스(Robin Williams)가 이상적인 멘토 역할로 아카데미 남우 조연상을 받은 기념비적 작품이다. 로빈 윌리엄스의 따뜻한 연기가 깊은 감동을 준다.

윌은 미국 최고의 공과대학교 중 하나인 MIT에서 청소부로 일하지만 아무도 풀지 못하는 고난도 수학 문제를 척척 풀고 어느 분야의 책이든 한 번만 읽으면 모든 지식을 자신의 것으로 만드는 천재다. 하지만 어릴 때 학대받은 상처 때문에 세상에 적응하지 못하고 여자친구와 오래 사귀지도 못하며 폭력 전과도 여러 개다. 이런 윌을 상담하고 바꾸려고 애쓰는 사람이 숀 맥과이어(Sean Maguire 로빈 윌리엄스) 교수다. 숀 자신도 불우한 가정 출신으로 어릴 적에 학대받고 아내를 잃은 슬픔을 안고 살아가는 사람이다. 풀릴 것 같지 않던 윌의 마음도 숀의 설득과 상담으로 서서히 풀려간다.

상담을 시작하면서 숀이 윌에게 말한다.

Scan: (to Will) You'll never have that kind of relationship in a world where you're afraid to take the first step because all you see is every negative thing 10 miles down the road.

▶ ▶ ⏸

숀: 네가 세상과 깊은 관계를 맺기 위한 첫 발걸음을 떼지 못하는 이유는 시작하기도 전에 저 멀리 보이지도 않는 곳에 있는 부정적인 요소들을 미리 보기 때문이야.

윌을 정말 좋아하는 하버드 재학생인 여자친구의 마음을 윌이 받아주지 못하는 것을 보고 숀이 또 충고한다.

Sean: (during a therapy session) You're not perfect, sport, and let me save you the suspense: this girl you've met, she's not perfect either. But the question is whether or not you're perfect for each other.

숀: 너는 완벽한 존재가 아니야. 그리고 흥을 깨서 미안한데, 네가 만나는 그 여학생도 완벽하지 않아. 하지만 중요한 점은 너희 둘이 서로에게 완벽하게 맞느냐 하는 점이야.

그러면서 숀은 자신이 현재의 부인을 만난 이야기를 해준다.

Will: (during a therapy session, referring to Sean's wife) So, when did you know, like, that she was the one for you?

Sean: October 21, 1975.

Will: Jesus Christ. You know the fuckin' date?

Sean: Oh yeah. 'Cause it was Game 6 of the World Series. Biggest game in Red Sox history.

Will: Yeah, sure.

Sean: My friends and I had, you know, slept out on the sidewalk all night to get tickets.

Will: You got tickets?

Sean: Yep. Day of the game. I was sittin' in a bar, waitin' for the game to start, and in walks this girl.

Will: I can't fuckin' believe you had tickets to that fuckin' game!

Sean: Yeah!

Will: Did you rush the field after we won the game?

Sean: (surprised at the question) No, I didn't rush the fuckin' field; I wasn't there.

Will: What?

Sean: No - I was in a bar havin' a drink with my future wife.

Will: You missed Pudge Fisk's home run?

Sean: Oh, yeah.

Will: To have a fuckin' drink with some lady you never met?

Sean: Yeah, but you shoulda seen her. she was a stunner.

Will: I don't care if Helen of Troy walks in the room, that's Game 6!

Sean: Oh, Helen of Troy⋯

Will: Oh my God. and who are these fuckin' friends of yours, they let you get away with that?

Sean: Oh⋯ they had to.

Will: W-w-w-what'd you say to them?

Sean: I just slid my ticket across the table, and I said, "Sorry, guys. I gotta see about a girl."

Will: I gotta go see about a girl?

Sean: Yeah.

Will: That's what you said? And they let you get away with that?

Sean: Oh, yeah. They saw in my eyes that I meant it.

Will: You're kiddin' me.

Sean: No, I'm not kiddin' you, Will. That's why I'm not talkin' right now about some girl I saw at a bar twenty years ago and how I always regretted not going over and talking to her.

▶ ▶ ❚❚

윌: 그래서 언제쯤 부인이 당신 사람인 줄 알았나요?

숀: 1975년 10월 21일.

윌: 세상에. 날짜까지 기억하세요?

손: 물론이지. 공교롭게도 그날이 보스톤 레드삭스 역사상 가장 뛰어난 게임인 75년 월드시리즈 여섯 번째 시합이 열린 날이었거든.

윌: 맞아요.

손: 나하고 친구들이 길에서 밤을 새우고 표를 구했지.

윌: 표를 구했다고요?

손: 그럼, 게임 당일 바에서 게임이 시작 되기를 기다리고 있는데, 한 여자가 걸어들어오는 거야.

윌: 게임 티켓을 구했다니 정말 믿을 수가 없네요.

손: 맞아.

윌: 게임 승리 후에 필드에 뛰어내려 갔나요?

손: (질문에 놀라며) 아니 뛰어내려가지 않았지. 시합장에 없었어.

윌: 뭐라고요?

손: 없었다니까. 내 미래 와이프와 한 잔 하고 있었어.

윌: 그러니까 그 유명한 피스크의 홈런을 직접 못 보았다고요?

손: 그렇다니까.

윌: 생전 처음 본 여자하고 술 마시느라고요?

손: 맞아. 그렇지만 너도 한번 보았어야 해. 도저히 눈을 뗄 수 없는 여자였다니까.

윌: 너무 예뻐서 트로이 전쟁의 원인이 되었던 헬렌이 들어왔어도 상관 안 해요. 월드시리즈 6번째 게임이잖아요!

손: 트로이의 헬렌이라…

윌: 세상에, 친구들은 어떻게 된 거지요? 그냥 가게 내버려 두었나요?

손: 그럴 수밖에 없었어.

윌: 뭐라고 했길래요?

숀: 테이블 위로 티켓을 밀어 주면서 말했지. 애들아, 미안하지만 이 여자는 놓치면 안 돼.

윌: 이 여자는 놓치면 안 된다고요?

숀: 그렇다니까.

윌: 정말로 그렇게 말했다고요? 그리고 친구들이 그냥 보내줬다고요?

숀: 응. 정말로. 내 눈을 보고 내가 농담하는 것이 아니라는 것을 알았거든.

윌: 믿을 수가 없네요.

숀: 사실이야, 윌. 그래서 이십 년 전에 어떤 여자를 봤는데 그때 말을 걸었어야 했는데 하며 지금 후회하지 않고 있는 거야.

그리고 마침내 윌은 숀의 이 말에 마음의 상처를 극복하고 마음을 연다.

Sean: It's not your fault.

▶ ▶ ⅠⅠ

숀: 윌, 네가 이렇게 된 것은 네 잘못이 아니야.

이제 마음이 회복된 윌은 그의 천재성에 걸맞은 높은 연봉을 보장하는 직장에 고용된다. 그러나 윌은 자신을 떠나 샌프란시스코에서 의학 공부를 하는 여자친구에게 가기로 마음을 먹고 숀에게 편지를 남긴다. 그리고 차를 운전하여 보스턴에서 샌프란시스코까지 미국 대륙을 횡단하는 여행을 시작한다.

(Sean reads a note from Will: "Sean, if the Professor calls about that job, just tell him, sorry, I have to go see about a girl.")

Sean: Son of a bitch… He stole my line.

(손이 윌이 남긴 편지를 읽는다: "숀, 나에게 일자리를 소개해 준 교수가 연락이 오면 미안하다고 대신 전해주세요. 놓치면 안 될 여자가 있거든요.")

숀: 이런 나쁜 놈. 내 대사를 훔치다니.

로빈 윌리암스의 이 마지막 대사는 대본에 없고, 로빈 윌리암스가 즉석에서 만들어냈다고 한다. 사람들이 가장 좋아하는 명대사다.

20대 젊은이 둘이서 썼다는 것이 믿을 수 없을 만큼 완성도 높은 시나리오에 로빈 윌리암스와 맷 데이먼의 멋진 연기가 빛나는 영화다. 최소한 열 번은 본 영화다.

어릴 적 마음의 상처를 괴로워하는 사람들에게 이 한마디를 해주고 싶다.

It's not your fault.

백 투더 퓨쳐
Back to the Future Ⅰ(1985)
Back to the Future Ⅱ(1989)
Back to the Future Ⅲ(1990)
왜 이리도 급히 서두를까

기획 스티븐 스필버그(Steven Spielberg)
감독 로버트 저메키스(Robert Zemeckis)
각본 로버트 저메키스(Robert Zemeckis)
출연 마이클 J. 폭스(Michael J. Fox)
　　　크리스토퍼 로이드(Christopher Lloyd)
　　　리 탐슨(Lea Thomson)

　　시간 여행을 주제로 만든 영화는 참 많다. 과거로 돌아가서 자신의 상황을 바꾸고 싶어 하는 사람들의 소망이 담겨 있는 듯하다. 1994년에 출시된 타임 캅(Time Cop, 시간 경찰) 이라는 영화는 과거로 돌아가서 역사를 바꾸려는 사람들을 체포하여 벌주는 일을 주제로 삼고 있기도 하다. 사실 조금만 생각해 보면 너도 나도 과거로 돌아가서 역사를 바꾼다면 엄청난 혼란이 생길 것은 불 보듯 뻔하다. 이제까지 나온 과학 지식으로도 우리가 만일 빛의 속도로 빠르게 이동할 수 있다면(현재 과학으로는 불가능하다), 미래로는 갈 수 있다. 하지만 이미 지나간 과거로는 돌아갈 수 없다고 한다. 그래도 사람들은 과거로의 시간 여행을 그린다. 하버드 의대 출신이자 유명한 작가인 마이클 크라이튼(Michael Crichton)이 1999년에 쓴 타임라인(Timeline)에는 마치 팩스를 보내듯이 사람을 과거로 보내는 상황이 그럴듯하게 묘사되어 있다. 과거로의 여행이 이토록 인기 있는 이유는 우리 모두 지난 과거에 이루지 못했거나 하지 못한 일에 대한 미련이 많아서 일 수도 있겠다.

〈백 투더 퓨쳐 1, 2, 3(Back to the future 1, 2, 3)〉도 시간 여행과 동반되어서 일어나는 여러 가지 사건을 주제로 하고 있다. 처음부터 3부작을 염두에 두고 기획되어 흥행에도 크게 성공하였다. 하긴 영화 흥행의 천재인 스티븐 스필버그(Steven Spielberg, 1946~)가 기획했으니 재미는 이미 보장된 것이나 다름없다.

항상 나이보다 어려 보이는 마이클 폭스(Michael Fox, 1961~, 1부 출연 당시 24세, 3부 완성 때는 29세)가 고등학생 마티(Marty McFly)로 나온다. 1~3부가 다 재미있지만 1부가 가장 신선하고 스필버그의 창의성이 가장 잘 드러난다는 중론이다.

1985년에서 자신이 태어나기도 전인 1955년으로 돌아간 마티는 당시 고등학생 자신의 아버지와 어머니가 교제하고 결혼에 이르게 하기 위해 애쓴다(그래야 자기가 태어나니까). 그중 한 장면인 졸업파티(Prom Party)에서 척 베리(Chuck Berry)의 '쟈니 비 굿'(Johnny B. Goode)이란 로큰롤을 연주하기도 한다. 1985년에는 이미 잘 알려진 곡이지만 1955년에는 처음 연주되는 곡에 관중들의 반응은 시원치 않았다. 영화에서는 이 곡의 원작자(1958년 첫 발표)인 척 베리(Chuck Berry)의 조카인 마빈 베리(Marvin Berry)가 삼촌에게 전화하여 다음과 같이 말한다.

Marvin Berry: (on the phone, as Marty plays "Johnny B. Goode") Chuck! Chuck, it's Marvin. Your cousin, Marvin Berry. You know that new sound you're looking for? Well, listen to this!

▶ ▶ ‖

마빈 베리: 척 삼촌, 저 조카 마빈 베리예요. 새 음악을 찾고 계신다고 했지요? 이 노래 들어보세요.

상황이 황당하기는 하지만 이 정도 상상력은 있어야 세계적인 영화감독이나 제작자가 되는 것 같다. 우리 젊은이들도 상상과 창의력의 세계를 많이 즐겼으면 좋겠다.

마티는 30년 전의 자신의 아버지(조지)를 바꾸어 자신의 미래의 어머니에게 접근할 수 있는 용감한 사람을 만들기 위해 애쓴다.

그러다가 식당에서 청소 등 잡일을 하는 골디 윌슨(Goldie Wilson)이라는 흑인을 만나는데 곰곰 생각해 보니 골디는 30년 후인 1985년 시장이 되는 인물이다. 골디는 지금 자신은 녹록치 않은 환경에 살지만, 그 환경을 바꾸려고 노력하는 모습을 보이고 못된 소년들에게 휘둘리는 나약한 조지에게도 충고한다.

Goldie Wilson: (rushes up to George) Say! Why do you let those boys push you around like that for?
George McFly: Well, they're bigger than me.
Goldie Wilson: Stand tall, boy. Have some respect for your-self. Don't you know, if you let people walk over you now, they'll be walking over you for the rest of your life. Look at me. You think I'm gonna spend the rest of my life in this slop

house?

Lou: Watch it, Goldie.

Goldie Wilson: No, sir! I'm gonna make something of myself. I'm going to night school, and one day, I'm gonna be somebody!

Marty McFly: That's right! He's gonna be mayor.

Goldie Wilson: Yeah, I'm…

Goldie Wilson: Mayor! Now that's a good idea! I could run for mayor.

Lou: A colored mayor. That'll be the day.

Goldie Wilson: You wait and see, Mr. Caruthers. I will be mayor! I'll be the most powerful man in Hill Valley, and I'm gonna clean up this town.

Lou: Good. You can start by sweeping the floor.

(hands Goldie a broom)

Goldie Wilson: (stands tall with a hand over his heart) Mayor Goldie Wilson. I like the sound of that.

골디: (조지에게 달려간다) 나 좀 보라고. 왜 그런 놈들이 너를 괴롭히게 그냥 놔두는 거야?

조지: 걔들은 나보다 훨씬 더 크잖아

골디: 그래도 맞서야지. 자존감을 가지란 말이야. 지금 사람들이 너를 함부로 대하게 놓아두면 걔들은 너를 평생 막대할 거야.

루(식당 사장): 골디, 네 일이나 신경 써.

골디: 아니요, 사장님. 나는 현실에 안주하면서 가만있지 않을 거예요. 야간 학교도 다니고, 언젠가는 훌륭한 인물이 될 거예요.

마티: 맞아요. 언젠가는 시장이 될 거예요.

골디: 맞아요. 그러니까… 그거 절말 좋은 생각이네. 시장에 출마할 수도 있네.

사장: 흑인 시장이 된다고. 참 그날이 오긴 할까?

골디: 한번 보세요. 사장님. 시장이 될 거예요. 힐 벨리에서 가장 힘 있는 사람이 되어서 이 도시를 깨끗하게 할 거예요.

사장: (빗자루를 주며) 일단 식당 바닥부터 깨끗하게 해.

(가슴에 손을 얹으며) 시장 골디 윌슨이라. 참 듣기 좋네.

골디가 30년 후에 시장이 된 일은 마티가 그렇게 된다고 이야기해 주었기 때문일까. 아니면 골디의 인성과 평소의 노력 때문에 이미 그렇게 되기로 정해져 있던 일일까. 중요한 것은 현재 시점에서 그때 그렇게 했더라면(should have, would have) 하고 후회하는 대신 오늘 주어진 시간을 정말 열심히 사는 일이다.

현재의 지식을 가지고 과거에 가서 아직 생겨나지 않은 일을 생겨나게 하는 일은 모순 같기도 하고 새로운 역사를 만드는 과정인 것 같다. 그래서 타임 패러독스(Time Paradox)라는 개념도 생겼다. 예를 들어 과거로 시간 여행이 가능하다면, 미래에서 온 사람들이 왜 눈에 띄지 않느냐 하는 페르미 패러독스(Fermi Paradox)가 그중 하나다.

마티의 노력으로 미래의 부모는 연인이 된다. 다시 미래로 돌아가기 전에 자신의 미래 부모들에게 부탁한다.

Marty McFly: (heads for a door then stops) Oh. One other thing. If

you guys ever have kids, and one of them, when he's eight
years old, accidentally sets fire to the living room rug… go
easy on him.

▶ ▶ ⅠⅠ

마티: 하나 부탁할 일이 있는데, 나중에 둘이 결혼해서 애들을 낳으면
그중 하나가 거실 카펫에 어쩌다가 불을 조금 내더라도 너무 심하게
대하지는 마.

마티가 어릴 때 부모에게 혼난 일이 계속 마음의 상처로 남았나 보다.
하긴 과거로 돌아갈 수 있다면 자녀들을 더 잘 대해주고 싶은 마음이야
거의 모든 부모의 마음일 것이다.

cinema **7**

록키
Rocky(1976)
시합이 끝나고 서 있을 수만 있다면
사랑이 사람을 바꾼다

감독 존 에이블슨(John G. Avildsen)
각본 실베스터 스탤론(Sylvester Stallone)
주연 실베스터 스탤론(Sylvester Stallone)
탈리아 샤이어(Talia Shire)

이 영화는 1977년 아카데미 시상식에서 최우수 영화와 감독상, 편집상을 수상했다. 무명 실베스터 스탤론(Sylvester Stallone)이 각본을 쓰고 저예산 1백만 달러로 제작하였으나 흥행 수익 2억 달러라는 대박을 기록했다.

예산을 아끼기 위해 배우들이 자신의 의상을 직접 챙겨서 나왔다는 이야기도 있다. 실베스터 스탤론도 너무 가난해 영화 제작 전에 키우던 개를 50달러에 다른 사람에게 팔 정도였다. 영화 각본을 영화사에 판매한 후에 개를 다시 사왔고, 이 개도 영화에 잠깐 출연한다. 미국 영화 협회(American Film Institute, AFI)는 2008년 록키(Rocky)를 가장 잘 만들어진 스포츠 영화 2위에 올려놓았다(1위는 레이징 불, Raging Bull).

〈록키(Rocky)〉의 무대는 미국 필라델피아(Philadelphia)다. 무명 프로 권투 선수인 록키는 돈이 될만한 시합도 하지 못하지만, 권투를 계속한다. 사채업자의 돈받는 일까지 하면서 생활비를 벌기도 한다. 그러다가 애드리안(Adrian)을 만난다. 애드리안은 첫사랑에 실패하고 그 상처로 힘들게 세상을 피하며 산다. 록키를 만나면서 서로 사랑하며 세상으로 한 걸음씩 나아간다. 애드리안의 오빠 폴리(Paulie)와 록키가 나누는 대화다

Paulie: You like her?

Rocky: Sure, I like her.

Paulie: What's the attraction?

Rocky: I dunno… she fills gaps.

Paulie: What's 'gaps'?

Rocky: I dunno, she's got gaps, I got gaps, together we fill gaps.

▶ ▶ ⏸

폴리: 애드리안이 마음에 들어?

록키: 물론, 좋아해요.

폴리: 어디가 끌리는데?

록키: 말로하긴 어려운데… 나의 부족한 점을 채워줘요.

폴리: 뭐가 부족한데?

록키: 그냥 그런 것 있잖아요. 애드리안도 부족한 면이 있고, 나도 있고, 서로 채워나가는 거죠, 뭐.

사랑은 서로 부족한 사람끼리 만나서 그 부족함을 깨닫고 채워가면서 아끼며 살아가는 일이다. 록키와 애드리안도 서로의 부족함에 대해서 이야기한다.

Rocky: My father, he's a… My old man, he was never too smart. He says to me, "You weren't born with much of a brain, "so you better start using your body." So I become a fighter. You know what I mean? Why you laughing?

Adrian: My mother, she said the opposite thing.

Rocky: What did she say the opposite?

Adrian: She said, "You weren't born with much of a body, so you better develop your brain."

▶ ▶ ⏸

록키: 우리 아버지는 그리 똑똑한 분은 아니었어. 내게 말하길 "너는 똑똑한 머리를 가지고 태어나지 못했으니, 몸을 쓰며 사는 게 좋겠구나." 그래서 권투선수가 된 거야. 무슨 말인지 알겠어? 왜 웃어?

애드리안: 우리 엄마는 반대로 말했거든.

록키: 뭐라고 반대로 이야기했는데?

애드리안: 엄마가 말하길 "너는 몸이 튼튼하지 못하니, 머리를 쓰며 살아야겠구나" 하셨어.

그러나 서로 때리고 맞는 권투 선수로 사는 일은 얼마나 힘든 일인가.

Rocky: Yeah, the morning after a fight, you're like a large wound, you know what I mean? Sometimes I got pains all over me. I feel like calling a taxi to take me from the bed into the bathroom.

▶ ▶ ⏸

록키: 시합 다음 날이 되면 온몸이 부상 병동이야. 무슨 말인지 알아? 안 아픈 곳이 없어. 화장실 한번 가려고 해도 택시를 부르고 싶거든.

이렇게 살던 록키가 헤비급 챔피언인 아폴로 크리드(Apollo Creed)와 시합을 하는 기회가 생긴다. 아폴로는 무하마드 알리의 전성기를 연상시키는 실력 있고 말 많은 선수인데, 무명 선수에게도 기회를 준다는 미명하에 쉬운 방어전을 한번 치르기로 마음먹는다.

록키는 온 힘을 다해 시합을 준비한다. 그러나 상대는 너무 강하다. 시합 전날 록키와 애드리안이 대화를 나눈다.

Rocky: I can't do it.

Adrian: What?

Rocky: I can't beat him.

Adrian: Apollo?

Rocky: Yeah. I been out there walkin' around, thinkin'. I mean, who am I kiddin'? I ain't even in the guy's league.

Adrian: What are we gonna do?

Rocky: I don't know.

Adrian: You worked so hard.

Rocky: Yeah, that don't matter. 'Cause I was nobody before.

Adrian: Don't say that.

Rocky: Ah come on, Adrian, it's true. I was nobody. But that don't matter either, you know? 'Cause I was thinkin', it really don't matter if I lose this fight. It really don't matter if this guy opens my head, either. 'Cause all I wanna do is go the distance. Nobody's ever gone the distance with Creed, and if I can go that distance, you see, and that bell rings and I'm still standin', I'm gonna know for the first time in my life, see, that

I weren't just another bum from the neighborhood.

▶ ▶ ❚❚

록키: 아무래도 안 되겠어.

애드리안: 뭐라고?

록키: 도저히 이길 수가 없어.

애드리안: 아폴로 말이야?

록키: 시합장에 가서 걷고 생각해 보았는데, 말도 안 돼. 나는 상대가 안 돼.

애드리안: 이제 어쩔 건데?

록키: 모르겠어.

애드리안: 정말 연습 열심히 했는데.

록키: 그래, 그렇지만 상관없어. 예전의 나는 아무것도 아니었으니 말이야.

애드리안: 그런 말 하지 마.

록키: 알아, 애드리안. 하지만 사실이야. 나는 아무것도 아니었어. 하지만 이제 상관없어. 왜냐하면 내 생각에는 이 시합은 이기든 지든 상관없어. 내가 죽을 만큼 맞아도 괜찮아. 내가 정말 원하는 일은 갈 때까지 가보는 거야. 아폴로 크리드에게 오랫동안 버틴 선수는 없어. 하지만 내가 오랫동안 버티고 시합 종료 벨이 울릴 때까지 링에 서 있다면 내가 깨닫게 되겠지. 살면서 생전 처음으로 나는 이 험한 동네의 건달 같은 놈이 아니라는 것을 알게 되는 거야.

정말로 사랑하고 아끼는 사람이 옆에 있기에 록키는 힘든 상대와 기꺼이 한판 승부를 벌이려고 한다. 결국, 록키는 멋진 시합을 한다. 시합이 끝나고 승패를 떠나 링 위에서 오로지 애드리안만을 찾으며 소리친다. 사랑만이 사람을 바꾼다.

필라델피아 미술관(Philadelphia Museum of Art)에 가면 록키가 아침 운동을 하는 장면을 촬영한 곳에 록키 동상이 있다. 사람들은 청동상 록키와 사진 한 장 찍으려고 줄을 서 있다.

이 멋진 영화를 만든 후에 후속(록키 2, 3, 4, 5)은 만들지 말았어야 했다. 하긴 록키 1편이 예상 외로 대히트를 했고 후속편을 만들면 엄청난 돈을 벌 수 있기에 당연한 결정이었을 것이다. 그러나 후속 작품이 없는 것이 작품의 일부가 되는 소설이나 그림처럼, 영화도 그다음 이야기가 궁금한 안타까움 속의 여운으로 아름답게 승화되면 좋겠다.

그래비티
Gravity(2013)
혼자 산다는 것

감독 알폰소 쿠아론(Alfonso Cuarón, 멕시코)
출연 산드라 블록(Sandra Bullock)
조지 클루니(George Clooney)
에드 해리스(Ed Harris, 목소리만 출연)

터미네이터(Terminator), 아바타(Avatar), 타이타닉(Titanic)의 명장 제임스 카메론(James Cameron)이 이제까지 만들어진 최고의 우주 영화라고 칭찬한 명화다. 2014년 아카데미 시상식에서 오스카 감독상과 편집상을 수상했다.

몇 사람 나오지도 않는다. 대부분 장면에 말 없는 산드라 블록(라이언 스톤, Ryan Stone)과 혼자 떠드는 조지 클루니(George Clooney, 은퇴를 앞둔 선임 우주 비행사, 코왈스키 Kowalski)만 나온다. 그것도 후반에 가면 라이언 혼자 나온다. 그러면서도 이 영화는 다른 어떤 영화가 주지 못하는 감동을 준다.

어린 딸을 잃는 큰 슬픔을 겪고 우주 비행사가 된 의학 공학자 라이언(여성이지만 아버지가 남자 이름을 지었다)은 고장 난 우주 정거장 장비를 수리하고 있다. 그 곁에는 은퇴를 앞두고 마지막 임무를 수행 중인 말 많은 코왈스키가 있다. 지상의 우주 본부에서 이들과 통신하며 지시하는 목소리는 아폴로 13호에서 지상 통제관 크란츠(Kranz) 역으로 나왔던 에드 해리스(Ed Harris)다.

우주에서 무엇이 가장 마음에 드냐는 질문에 라이언은 대답한다. "조용함이요(Silence)." 마음에 지고 있는 치유되지 않는 큰 상처, 그 마음을 감싸고 있는 절대 침묵에 빠져 있는 것이다.

잔잔히 진행되던 상황이 갑자기 바뀐다. 러시아 인공위성이 폭발해 그 잔해가 거의 모든 다른 우주선과 인공위성들을 엄청난 속도로 파괴한다. 다른 동료들이 죽고 지구로 탈출하기 위해 마지막 수단으로 라이언과 코왈스키가 러시아 소유스(Soyuz) 우주선에 도착하지만, 또 사고가 생겨 코왈스키는 라이언을 살리고 자신은 우주로 멀리 사라진다.

라이언은 혼자서 아무리 노력해도 처음 다루어보는 러시아 우주선이 마음대로 작동하지 않자 마음의 깊은 상처 때문에 괴로워한다. 그녀는 모든 것을 포기하고 우주선 안의 산소도 잠그고 불도 끄고 최후를 기다린다. 이때 기적처럼 코왈스키가 나타난다.

Matt Kowalski: Listen, do you wanna go back, or do you wanna stay here? I get it. It's nice up here. You can just shut down all the systems, turn out all the lights, and just close your eyes and tune out everyone. There's nobody up here that can hurt you. It's safe. I mean, what's the point of going on? What's the point of living? Your kid died. Doesn't get any rougher than that. But still, it's a matter of what you do now. If you decide to go, then you gotta just get on with it. Sit back, enjoy the ride. You gotta plant both your feet on the ground and start livin' life. Hey, Ryan? It's time to go home.

▶ ▶ ⏸

매트 코왈스키: 지구로 돌아갈 거야 아니면 우주에 계속 있을 거야? 알아… 여기가 참 좋은 곳이야. 그냥 기계 작동을 멈추고 불도 끄고 눈 감고 모든 곳에서 멀어지면 되지. 여기는 너를 괴롭힐 사람도 없고 안전해. 계속 살려고 노력하면 뭐해? 무슨 소용이 있어? 아이가 죽었는데 알아, 그것보다 더 힘든 일이 어디 있겠어. 하지만 네가 어떤 마음을 먹고 어떻게 행동하는지가 중요하지 않겠어? 계속 살려고 마음 먹으면 다 떨치고 일어나야 해. 마치 우주선 조종석에 앉아서 비행을 즐기는 것처럼 말야. 발을 땅에 힘껏 내딛고 살아가는 거야. 라이언, 내 말 들려? 이제 집에 갈 시간이야!

물론 우주로 멀리 떠내려간 코왈스키가 다시 돌아온 것은 아니고, 라이언이 산소가 떨어져 멀어지는 의식 속에서 환상을 본 것이다. 라이언은 정신을 차리고 소유스에서 중국 우주선으로 옮겨가 지구로 비상 착륙하기 위해 준비한다. 물론 이것도 성공할 확률은 극히 희박하다. 착륙을 준비하며 보이지 않는 코왈스키에게 이야기한다.

Ryan Stone: Hey, Matt? Since I had to listen to endless hours of your storytelling this week, I need you to do me a favor.

You're gonna see a little girl with brown hair. Very messy, lots of knots. She doesn't like to brush it. But that's okay. Her name is Sarah. Can you please tell her that mama found her red shoe? She was so worried about that shoe, Matt. But it was just right under the bed. Give her a big hug and a big kiss from me and tell her that mama misses her. Tell her that she is my angel. And she makes me so proud. So, so proud. And you tell her that I'm not quitting. You tell her that I love her, Matt. You tell her that I love her so much. Can you do that for me? Roger that.

라이언 스톤: 내가 이제까지 일주일 내내 같이 있으면서 당신 이야기를 계속 들어주었으니 이제 내 부탁을 들어줘요. 당신은 갈색 머리를 한 여자아이를 곧 만날 거예요. 빗질이 안 된 헝클어진 머리예요. 빗질을 싫어했지요. 그러면 어때요. 아이 이름은 사라예요. 만나면 엄마가 빨간 구두 한 짝을 찾았다고 말해줘요. 잃었을까 봐 사라가 걱정을 많이 했지요. 침대 밑에 있었어요. 나 대신 꼭 안아주고 입 맞춰줘요. 그리고 너무 보고 싶다고 말해주고. 너는 천사고 엄마가 항상 자랑스러워한다는 말도 해줘요. 그리고 엄마는 절대로 포기하지 않는다고, 우리 딸을 정말 정말 사랑한다고 말해줘요. 해줄 수 있죠? 이상 통신 끝.

영화 마지막에 두 발로 지구에 굳게 서 있는 라이언을 볼 수 있다.

터미네이터
Terminator(1984)
하루 동안에도 평생의 사랑을 할 수 있어

감독 제임스 카메론(James Cameron)
각본 제임스 카메론(James Cameron)
      게일 앤 허드(Gale Anne Hurd)
출연 아놀드 슈워제네거(Arnold Schwar-
      zenegger)
      린다 해밀턴(Linda Hamilton)
      마이클 빈(Michael Biehn)

    1984년 제작된 터미네이터 1(Terminator 1)는 흥행에 성공한 대작 영화 (Terminator 2, Titanic, Avatar 시리즈 등)를 계속 제작하고 감독한 제임스 카메론 (James Cameron)의 초기 작품이다. 우리의 기술과 욕망을 제대로 통제하지 못하면 디스토피아(Dystopia, 인류가 비참해지는 역 유토피아)가 올 수 있다는 두려움이 이 영화의 성공에 크게 기여했다.

    2020년 이후 인류가 개발한 지능과 판단력을 가진 스카이넷(Skynet, 인공지능)이 사람에게 반란을 일으켜 각 나라는 핵전쟁에 돌입해 세계 인류의 2/3가 사망한다. 핵전쟁 후, 스카이넷은 살아남은 사람들을 계속 추적해 살해하고, 인간은 반란군을 조직해 인공지능이 만들어낸 기계 병사들과 싸운다. 반란군을 이끄는 지도자 존 코너(John Connor)의 뛰어난 전술 전략으로 스카이넷 세력은 붕괴 직전까지 간다. 스카이넷은 최후 수단으로 존 코너를 낳은 사라 코너(Sarah Connor)가 존 코너를 임신하기 전에 죽이려고 한다. 스카이넷은 겉모습은 사람이고 안에는 막강한 힘을 가진 인간 살해 전용 사이보그인 터미네이터를 '1980년대'로 보낸다. 이를 알아챈 존 코너는 자신의 어머니를 보호하기 위해 카일 리스(Kyle Reese)라는 병사를 뒤따라 보내 터미네이터와 맞서게 한다.

카일은 사라를 찾아내고 보호하기 위해 최선을 다하지만 사라는 카일을 믿지 못한다.

Kyle Reese: Come with me if you want to live.

(after Sarah tries to escape and bites Reese's hand, in a stolen car)

Kyle Reese: Cyborgs don't feel pain. I do. Don't do that again.

Sarah Connor: Just let me go!

Kyle Reese: Listen, and understand! That Terminator is out there! It can't be 1) bargained with. It can't be reasoned with. It doesn't feel pity, or remorse, or fear. And it absolutely will not stop… ever, until you are dead!

▶ ▶ ⏸

카일: 살고 싶으면 따라오세요.

(차 안에서 사라는 카일에게서 도망치려 하며 카일의 손을 깨문다)

카일: 사이보그는 고통을 느끼지 않지만 나는 아파요. 다시는 그러지 말아요.

사라: 보내주세요.

카일: 잘 듣고 상황을 이해해요! 터미네이터가 우리를 노리고 있다고요. 그놈하고는 협상도 할 수 없고 말도 안 통해요. 그놈은 누구를 불

쌍하게 여길 줄도 모르고 후회도 없고 두려움도 없어요. 그리고 당신을 죽이기 전까지 절대로, 절대로 멈추지 않아요.

사라는 많은 사람 중에 하필 자신이 선택되었는지 이해할 수 없다.

Sarah Connor: (in a stolen car) Reese. Why me? Why does it want me?

Kyle Reese: There was a nuclear war. A few years from now, all this, this whole place, everything, it's gone. Just gone. There were survivors. Here, there. Nobody even knew who started it. It was the machines, Sarah.

Sarah Connor: I don't understand.

Kyle Reese: Defense network computers. New··· powerful··· hooked into everything, trusted to run it all. They say it got smart, a new order of intelligence. Then it saw all people as a threat, not just the ones on the other side. Decided our fate in a microsecond: extermination.

Sarah Connor: Did you see this war?

Kyle Reese: No. I grew up after. In the ruins··· starving··· hiding from H-K's.

Sarah Connor: H-K's?

Kyle Reese: Hunter-Killers. Patrol machines built in automated factories. Most of us were rounded up, put in camps for orderly disposal.

(pulls up his right sleeve, exposing a mark)

Kyle Reese: This is burned in by laser scan. Some of us were kept alive··· to work··· loading bodies. The disposal units ran night and day. We were that close to going out forever. But there was one man who taught us to fight, to storm the wire of the camps, to smash those metal motherfuckers into junk. He turned it around. He brought us back from the brink. His name is Connor. John Connor. Your son, Sarah··· your un-born son.

▶ ▶ ‖

사라: 왜 나지요? 왜 그 기계가 나를 없애려고 하지요?

카일: 핵전쟁이 일어났어요. 지금부터 몇 년이 지나지 않아 모든 것이 사라졌어요. 여기저기 살아남은 사람들은 몇 있었지요. 이 모든 파괴를 누가 시작했는지도 몰랐지요. 알고 보니 기계가 한 짓이었어요, 사라.

사라: 도대체 무슨 말인지.

카일: 방어 네트워크 컴퓨터였죠. 새롭고 강력하며 모든 시스템에 연결되어서 시스템을 운영할 수 있는 권한을 부여했지요. 정말 똑똑해지고 지능의 새로운 차원이 나왔다고 했어요. 그놈들은 사람들을 자신에 대한 위협으로 간주했어요. 누구도 상관없이 모든 사람을 적으로 만들었어요. 순식간에 우리는 멸종되도록 운명이 결정되었지요.

사라: 핵전쟁을 겪었나요?

카일: 아니요. 나는 전쟁 후에 성장했어요. 폐허 속에서, 굶주림을 겪으며, HK로부터 도망치면서.

사라: HK요?

카일: 인간 사냥꾼(Hunter-killer)이죠. 자동화된 공장에서 생산된 순찰

기계이지요. 우리 대부분이 생포되어 수용소에 수감되어서 처형되기를 기다리고 있었어요.

(팔뚝에 새겨 있는 표식을 보여준다)

카일: 기계들이 레이저로 새겼어요. 우리 중 몇 명은 살려주고 노동을 시켰지요. 시체를 옮기는 일을 했어요. 사람을 처형하는 기계는 밤낮을 가리지 않고 돌아갔어요. 조금만 더 있으면 전부 다 멸종될 처지였지요. 그런데 한 사람이 나서서 우리에게 싸우는 법을 가르쳐주고 캠프에서 반란을 일으켜 그 망할 놈들의 기계들을 박살내었죠. 그 사람 때문에 상황이 바뀌었어요. 모두 죽을 수밖에 없는 상황을 바꾸어 놓았지요. 그 사람의 이름은 존 코너예요. 사라… 아직 태어나지 않은 당신 아들.

사라는 현실을 받아들이지 못하고 카일은 계속 설득한다.

Sarah Connor: (in a motel room) Are you sure you have the right person?

Kyle Reese: I'm sure.

Sarah Connor: (angrily) Oh, come on. Do I look like the mother of the future? I mean am I tough, organized? I can't even balance my checkbook! Look Reese, I didn't ask for this honor and I don't want it, any of it!

Kyle Reese: Your son gave me a message to give to you. He made me memorize it.

(reciting message)

Kyle Reese: Thank you, Sarah, for your courage through the dark years. I can't help you with what you must soon face, except to say that the future is not set. You must be stronger than you imagine you can be. You must survive, or I will never exist.

▶️ ▶️ ⏸️

사라: 내가 맞는 사람이라고 확신하나요?

카일: 그럼요.

사라: (화를 내며) 아니 이것 봐요. 내가 미래를 구할 어머니처럼 보이나요? 내가 강하고 일 잘하게 보이나요? 내가 쓴 돈 관리도 못 하는 사람이라고요. 이런 영광을 구한 적도 없고요. 조금도 원하지 않아요.

카일: 당신 아들이 당신에게 전달할 메시지를 나에게 주었어요. 그가 외우게 했지요.

(메시지를 외운다)

카일: 어머니 이 힘든 세월 동안 견뎌준 용기 감사해요. 지금 겪고 있는 일들을 도울 수가 없네요. 다만 한 가지 확실히 말할 수 있는 사실은 미래는 아직 정해져 있지 않다는 말은 할 수 있어요. 어머니는 스스로 상상하는 것보다 훨씬 더 강해요. 살아남으셔야 해요. 그렇지 않으면 저는 세상에 없어요.

터미네이터(Terminator) 역을 맡은 아놀드 슈워제네거(Arnold Schwarzenegger)는 이 영화로 엄청난 인기를 얻었으며, 미래에서 온 터미네이터 역할을 완벽하게 해냈다는 사실에 대해서는 이견이 없다. 특히 경찰서를 습격하기 전에 했던 대사 "I'll be back."은 영화 팬들 기억에 깊이 남게 되었고 수많은 패러디 물이 만들어졌다.

시간 여행을 다룬 영화나 소설도 있고 디스토피아를 상상할 수도 있지만, 여기에 1980년대에 만들어진 영화임에도 불구하고 인공지능 이야기까지 더해서 이런 규모의 영화를 만들어낼 수 있는 상상력이 놀랍다. 교육자로서 학생들에게 어떤 내용을 어떻게 가르쳐야 시공을 넘나드는 상상력을 키워줄 수 있을까.

카일과 사라는 다가올 미래와 존 코너에 대해 계속 이야기한다.

Sarah Connor: Tell me about my son.

Kyle Reese: He's about my height. He has your eyes.

Sarah Connor: What's he like?

Kyle Reese: You trust him. He's got a strength. I'd die for John Connor.

Sarah Connor: Well… at least now I know what to name him. I don't suppose you know who the father is, so I won't tell him to get lost when I meet him?

Kyle Reese: John never said much about him. I know he dies before the war.

Sarah Connor: Wait. I don't want to know.

Kyle Reese: John Connor gave me a picture of you once. I didn't know why at the time. It was very old - torn, faded. You were young like you are now. You seemed just a little sad. I used to always wonder what you were thinking at that moment. I memorized every line, every curve… I came across time for you, Sarah. I love you. I always have.

사라: 내 아들 이야기해 줘요.

카일: 키는 나 정도 되고요. 눈은 당신 눈이네요.

사라: 어떤 사람인가요?

카일: 믿을 수 있는 사람이에요. 힘이 있어요. 난 존 코너를 위해 기꺼이 죽을 수 있어요.

사라: 그래요. 이제 아들 이름을 뭐라고 지어야 할 지는 알게 되었네요. 존 아빠(내 남편)가 누구인지는 모르겠지요? 알아야지 앞으로 혹시 만나면 꺼지라고 말하지 않겠지요.

카일: 존은 아버지에 대해 많이 이야기하지 않았어요. 아마 전쟁이 시작되기 전에 죽었을 거예요.

사라: 잠깐, 더 이상 알고 싶지 않네요.

카일: 존이 당신 사진을 나에게 준 적이 있어요. 왜 그랬는지는 모르겠네요. 정말 오래된 사진이었는데 낡고 바래고. 지금과 별 차이 없이 젊은 모습이었지요. 조금 슬퍼보였어요. 사진을 찍었을 때 무슨 생각을 하고 있을까 하고 계속 머리를 돌려보았지요. 사진 속 모든 모습과 선을 하나하나 다 기억했어요. 사라, 나는 시간을 거슬러 당신에게 왔어요. 사라, 사랑해요.

카일과 사라는 터미네이터를 제거했지만 카일은 사망한다. 사라는 카일의 아이를 임신한다. 그 아이가 바로 존 코너다. 사라는 지프차에 큰 개를 싣고(개들은 터미네이터를 냄새로 찾아낸다) 혹시 또 나타날 수도 있는 터미네이터들을 피해 멕시코로 간다. 그러는 동안에도 아들에게 줄 사연을 계속 녹음한다.

Sarah Connor: (recording a tape for her future son while sitting in her jeep at a gas station) The hardest thing is deciding what I should tell you and what not to. Should I tell you about your father? Boy, that's a tough one. Will it affect your decision to send him here, knowing that he is you father? If you don't send Kyle, you can never be. God, a person can go crazy thinking about all this… I suppose I will tell you… I owe him that. Maybe it'll be enough if you know that, in the few hours we had together, we loved a lifetime's worth.

⏵⏵⏸

사라: (주유소에서 아들에게 남길 이야기를 녹음한다) 가장 어려운 일은 이야기해야 할 일과 그렇지 않은 일을 구분하는 일이야. 네 아버지에 대해 이야기해야 할까? 와, 정말 어려운 일이야. 그가 네 아버지임을 알면 그 사람을 현재에 보내는 네 결정에 영향을 미치게 될까? 카일을 보내지 않는다면 너는 존재하지 않게 되고. 이런 일들을 생각하면 정말 머리가 너무 복잡하다. 너에게 이야기해 주는 게 맞을 것 같다. 네 아버지의 희생을 생각해서라도. 그래도 이것만은 알아주길 바라. 비록 네 아버지와 같이 보낸 시간은 몇 시간 되지 않지만, 그 몇 시간 동안 한평생의 사랑을 했단다.

주유하는 동안 멕시코 소년이 사라를 폴라로이드 카메라로 촬영하고 사라는 그 사진을 산다. 그 사진이 바로 존이 카일에게 주었고 카일이 외울 때까지 보고 또 본 사진이다.

영화로 보는 세상
영어교수 추천영화 40편

월드 트레이드 센터
World Trade Center(2006)
당신 때문에 살 수 있었어

감독 올리버 스톤(Oliver Stone)
각본 안드레아 버로프(Andrea Berloff)
출연 니콜라스 케이지(Nicholas Cage)
　　　마이클 페냐(Michael Peña)

　　2006년 올리버 스톤(Oliver Stone) 감독의 월드 트레이드 센터(World Trade Center)는 2001년 9월 11일 발생했던 뉴욕 세계 무역 센터에 대한 테러 공격을 소재로 한다. 반전 영화 및 비판적인 시각의 영화를 제작했던 올리버 스톤 감독은 이 영화에서 끔찍한 사건 속에서도 사람들은 남을 구하기 위해 자신을 희생하며, 가족이 얼마나 소중한 존재인지를 보여주기 위해 애를 쓴다.

　　이 공격으로 수천 명의 민간인이 사망하고 수백 명의 소방관과 경찰관이 희생되었다. 사남매의 가장이자 뉴욕 도시를 순찰하는 업무를 담당하는 뉴욕 포트 오소리티(Port Authority) 경사 존 맥라글린(John McLoughlin, 니콜라스 케이지 Nicholas Cage)에게 9월 11일 아침, 세계 무역센터로 출동하라는 명령이 떨어진다. 경찰관이나 소방관들은 사고나 자연재해 등이 발생했을 때 제일 먼저 현장에 투입되어 인명을 구조하는 임무를 담당하는 응급 출동 대원(First Responder)들이다. 이들은 자신들의 안전보다는 다른 사람들의 생명을 구하는 것을 우선으로 하는 사람들이다. 세계 어느 나라건 이렇게 자신의 목숨을 걸고 다른 사람을 구하는 이들의 노력을 인정해 주고 그에 맞는 대우를 해주어야 한다.

피와 먼지로 범벅이 되어 실려나오는 사람들과 여기저기 파편에 맞아 신음하는 사람들, 높은 건물에서 떨어지는 사람들이 보인다. 항공기 두 대가 세계 무역센터를 공격한 믿을 수 없는 사건이 벌어졌다. 존 맥라글린 경사를 비롯한 4명의 대원은 빌딩 속 사람들을 구하기 위해 건물로 들어가지만, 순식간에 건물은 무너져내리고 존 맥라글린과 윌 히메노(Will Jimeno) 둘만이 무거운 건물 잔해에 깔린 채 살아남는다. 그러나 살아 있다는 안도도 잠시, 시간이 흐를수록 감각을 잃어가는 몸과 매캐한 공기, 무거운 콘크리트와 철근 더미 속에서 죽음의 그림자는 점점 짙어져간다. 한편, 사고 소식이 알려지자 그들의 가족은 남편과 아버지의 생사를 알 수 없는 상황에서 초조하게 기다리며 기도한다. 건물더미에 깔린 두 사람은 비참한 상황 속에서 흐려져가는 의식을 서로 깨우며 용기와 희망을 잃지 않으려고 애를 쓴다.

두 사람을 버티게 한 것은 가족 그리고 믿음이었다. 히메노는 환상 속에서 예수님을 보고, 그 후 건물 잔해 속에서 생존자들을 찾고 있던 전직 해병 하사 칸스(Karnes)가 이들을 발견한다. 히메노는 사고 13시간 후에 구조된다. 그러나 그 과정은 쉽지 않았다. 밖에서는 계속 화재가 발생하고 건물 잔해는 언제 무너져내릴지 모른다. 구조를 지휘하고 있는 스캇은 다른 이들에게 나가라고 조언을 한다.

Scott Strauss: Chuck. Paddy. Just get out of here. This whole damn thing could come down on us. There's no sense in all of us getting killed.

Chuck Sereika: You gonna pry up that slab and get him out of here yourself? I've been in and out of rehab for years. Finally figured out the only thing I've been ever good at is helping people. We're doing this together.

Paddy McGee: I Ain't leaving.

Will Jimeno: I don't mean to break up the moment, but were all getting out of here together.

▶ ▶ ⅠⅠ

스캇: 척, 패디, 빠져나가. 이 망할 놈의 건물이 언제 무너져내릴지 몰라. 우리 모두 죽을 필요는 없잖아.

척: 혼자서 그 돌판을 들어내고 경찰을 들어내겠다고? 나도 중독 때문에 치료소를 몇 년간 들락거렸거든. 그러다가 마침내 깨달은 사실은 내가 잘할 수 있는 일은 사람을 돕는 일이라는 거야. 이 일은 함께 해야해.

패디: 난 안가.

히메노: 분위기 깨서 미안한데, 함께 나갑시다.

그 후 7시간의 치열한 구조 작전 끝에 멕라글린도 구조된다.
병원에서 기다리던 부인을 만나 멕라글린은 힘겹게 이야기한다.

You kept me alive.

▶ ▶ ⅠⅠ

당신 때문에 살아남을 수 있었어.

희망의 끈을 거의 놓을 수도 있고 정신이 오락가락하는 상황에서 부인이 환상 속에 나타나 이야기한다.

Donna McLoughlin: You can't leave yet, the kitchen isn't even finished yet.
John McLoughlin: Will you forget about the kitchen for a minute. I'm kinda stuck here.
Donna McLoughlin: Well get unstuck John.

▶ ▶ ⏸

다나: 지금 떠나가면 안 돼요. 부엌도 아직 다 고치지 못했잖아요.
존: 부엌은 당분간 잊어야 할 것 같아. 여기에 갇혀서 꼼짝도 못 하거든.
다나: 존, 그럼 빠져나와요.

손재주가 있는 멕라글린은 부인을 위해 부엌을 새로 만드는 중이었는데, 빨리 일어나서 부엌을 완성하라는 말을 듣고 정신을 잃지 않고 버틴 것이다. 현명한 부인들은 간단한 말로 남편을 행동하게 만드는 재주가 있다. 그 후 3개월간 27번의 수술을 통해 건강을 회복한 멕라글린은 가족과 함께 행복하게 살고 있다.

이 글을 쓰고 있는 나도 아내의 격려와 도움이 없었다면 오늘과 같은 삶을 살지 못했을 것이다. 삶의 보람도 느끼지 못하고 미래에 대한 희망도 없으며 무엇을 해야 할지도 몰라서 무거운 짐에 눌려 어둠 속에 있을 때, 아내는 포기하지 않고 격려와 기도로 나를 행복한 신앙의 길, 새로운 학문의 길, 미국 유학의 길로 이끌어주었다. 지금은 신앙 안에서 하루하루 보람을 느끼며 행복하게 산다. 아내가 아니었다면 지금쯤 어떻게 되었을지 생각만 해도 아찔하다.

사람들의 악마성과 희망에 대해 영화 마지막 장면에서 멕라글린이 이야기한다.

John McLoughlin: (Narrating) 9/11 showed us what human beings are capable of. The evil, yeah, sure. But it also brought out the goodness we forgot could exist. People taking care of each other for no other reason than it was the right thing to do. It's important for us to talk about that good, to remember. 'Cause I saw all of it that day.

▶ ▶ ⅠⅠ

존 멕라글린: 911테러를 통해 우리는 사람이 어떤 일을 할 수 있는지 잘 알게 되었다. 물론 악마 같은 일도 저지를 수 있다. 그렇지만 우리 안에 존재하고 있는, 깜빡 잊었던 인간의 착한 본성에 대해서도 알게 되었다. 맞는 일이기 때문에 특별한 다른 이유가 없어도 다른 사람을 돕는 그런 선한 모습에 대해서 말하는 일이 정말 중요하다. 그날 나는 그 선함을 목격했기 때문이다.

어두움과 어려움이 세상을 지배하는 것 같아도 우리에게는 아직 희망이 남아 있다.

영화로 **보는 세상**
영어교수 추천영화 40편

영화로 보는 세상
영어교수 추천영화 40편

영화로 보는 세상
영어교수 추천영화 40편

초판 1쇄 인쇄 2021년 12월 15일
초판 1쇄 발행 2021년 12월 20일

저 자   김대진
펴낸이   임순재
펴낸곳   (주)한올출판사
등 록   제11-403호
주 소   서울시 마포구 모래내로 83(성산동 한올빌딩 3층)
전 화   (02) 376-4298(대표)
팩 스   (02) 302-8073
홈페이지 www.hanol.co.kr
e-메일   hanol@hanol.co.kr
ISBN   **979-11-6647-226-8**

영화로 **보는 세상**
영어교수 추천영화 **40편**